晩年の孫文

# 孫　文

●人と思想

横　山　英
中　山　義　弘　共著

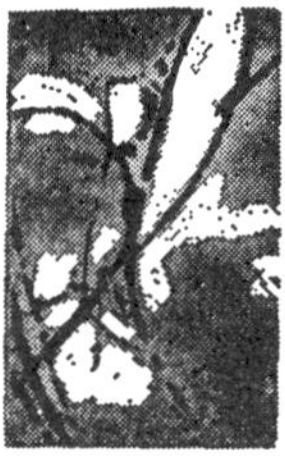

27

CenturyBooks　清水書院

# 孫《そん》文《ぶん》について

## 泥《どろ》まみれの人生

身長一・五六メートル、いつも三つ揃《ぞろ》いの背広をきちんと着こなし、頭髪をきれいになでつけた小柄《がら》な西洋ふう紳士、これが孫文の外見である。それもそのはず、かれは一三歳の時から二六歳の時まで、ハワイと香港《ホンコン》とでヨーロッパ式の学校教育を受けて近代的教養と知識とを身につけ、またキリスト教の洗礼《せんれい》もうけて、当時としてはめずらしいヨーロッパ式外科医として社会にでたのである。

しかし、かれは西洋かぶれにはならなかった。かれは身につけたヨーロッパの近代的知識と能力とを立身出世の道具としてつかわず、外国勢力を中国から排除して祖国と同胞とを解放する武器としてつかい、情勢が激変しても目標を見誤ることなく解放運動の先頭にたった。だから、二八歳で政治変革運動にとびこんでから病気で世を去るまでの三〇年間の孫文の生涯は、かれの見かけから受ける印象のように小ぎれいでスマートなものではなかった。「革命は、客を招いてごちそうすることでもなければ、文章をねったり、絵をかいたり、刺しゅうをしたりすることではない。そんなにお上品で、おっとりした、みやびやかな、おだやかでおとなしく、うやうやしく、つつましく、ひかえ目のものではない。革命は暴動であり、一つの階級が他の階級をうちたおす激烈《げきれつ》な行動である」（毛沢東《もうたくとう》）。孫文が生きた一九世紀末から二〇世紀初期にかけての中国では、外からは帝国主義諸国が中国侵略にしのぎをけずり、内では保守・革新の両勢力がはげしく抗争して、民族の危機が切迫していた変動期であった。

孫文はこのような時代の荒波にすすんで身を投じ、民族救済と近代的改革をめざした革新運動の先頭にたって、新しい時代をつくりだそうとして生涯をなげうった。

どんな革命家も生まれおちた時から偉大な革命家であったわけではなく、また、どんなすばらしい革命であっても外国から輸入することはできない。手さぐりで敵と味方とをみつけだし、正しい革命の道すじを探し求めつづけた孫文の前には困難と苦悩とがよこたわっていた。かれは、たびかさなる実践と失敗、模索《もさく》と発見、挫折《ざせつ》と再起をくりかえして一歩一歩と前進し、ついに晩年になって正しい革命思想と信頼できる味方とを発見した。孫文の妻宋慶齢《そうけいれい》（中華人民共和国副主席）が孫文を「意志がつよく、どんな困難にもくじけなかった孫文、それだからこそ革命の偉大な先駆者となることができた孫文」とたたえているように、起きてはころび、ころんでは起きて、泥まみれになりながら信念をつらぬきとおしたところに、孫文の偉大さがあった。

## 思想はたえず前進

孫文はたいへんな読書ずきであった。だが、かれの知識と思想は実践活動のためのものであったので、その時どきの政治情勢に応じて変化し、また同時に、実践活動によってきたえられ、より豊かに、よりたしかなものとなった実践的思想であった。ここに、かれの思想の特徴がある。三〇年間のかれの活動を大きくわけると、一九一一年までの清《しん》王朝を打倒する活動、中華民国初めの国会擁護運動、一九二〇年代の国民革命運動の三時期であるが、かれの政治思想、すなわち三民主義思想もまた、これら三期において、それぞれちがった内容をもっている。

一九一一年の辛亥《しんがい》革命までの三民主義思想は「民族主義」に重点があり、清《しん》王朝という異民族の支配と二千年来の伝統的な君主専制政治をうちたおして共和国を樹立することがおもな内容であった。中華民国成立いご、「民族主義」思想は国内諸民族の協和と国内統一との内容にかわり、三民主義の重点は「民権主義」、すなわち立憲議会制度を確立することにおかれた。この時期までの三民主義思想には、帝国主義と封建制度に反対するという内容がはっきりせず、また、労働者・農民など国民大衆を革新勢力に含めようとせず、たんに利用だけしようとする重大な欠陥もあった。

しかしながら、五四運動（一九一九年）で国民大衆の団結力の偉大さを発見した孫文は、こののちコミンテルン・中国共産党との接触を通じて、中国革命のほんとうの敵と味方、革命の正しい戦略と戦術とをはっきりとつかんだ。三民主義思想も新しい内容をもりこんで体系化され、「民族主義」は帝国主義反対と民族の独立とを、「民権主義」は革命的諸階級の民主主義的連合政治と主権在民の原則とを、「民生主義」は土地改革を中心とした農民・労働者の社会的・経済的解放を、それぞれ意味することとなり、本格的な革命思想として確立した。

孫文が三〇年の苦難にみちた実践と思索とによってきずいた三民主義思想は、実は、革命実践の血と汗《あせ》とによってえた中国民族の共同の財産であり、民族解放の正しい道すじを指し示した偉大な遺産であった。「革命はまだ成功していない」という悲痛な遺言《ゆいごん》をのこして不帰の客となったのち、かれの三民主義思想は毛沢東《もうたくとう》・中国共産党を指導者とした革命的な中国人民にうけつがれ、発展させられて、孫文死後二五年にして孫文の悲願が現実のものとなったのである。

中華人民共和国
建国記念切手

## 底を流れるもの

孫文が五〇歳代で三民主義思想を確立するまで、かれは、かれ自身の実践活動と内外の革命実践の経験とに学んで、常に自分を変革して高め、とどまることなく前進をつづけたのであるが、かれの思想と実践とに、出発点から最後まで、一貫して流れていたものがあった。それは、かれ自身が「三民主義とは愛国主義である」といっているように愛国精神である。

かれの活動はまことに精力的であり、多彩であり、また多難でもあった。多くの著述・講演・談話で革命思想を宣伝するとともに、日本・アメリカ・ヨーロッパ・東南アジアを数回にわたっておとずれ、文字どおり世界をかけめぐって革命運動の組織づくり・宣伝・資金集めに奔走《ほんそう》した。その間、一〇数回もの武装蜂起《ほうき》も計画した。孫文のこのような長期にわたる困難な革命活動の根底にあったものは、帝国主義諸国のために半植民地の状態におかれ、経済的・文化的にひどく立ちおくれた祖国と同胞とを救いだし、独立した豊かな近代国家を建設しようという愛国的情熱であった。

「愛国」とはなにか、どうすることがほんとうに国を愛することなのか、という問題に答えることはたやすいことではない。孫文の実践と思想との歴史は、かれがこの解答をさがし求めて苦悩した歴史である。かれは、時には間違いをおかし、ゆきづまって迷ったけれども、愛国的情熱だけは失ったことはない。それだからこそ、とどまることなく進歩し、革命精神をますます強めていって苦難をのりきり、革命的な三民主義思想をつくりあげて、その実践活動の先頭にたつことができたのである。

## 孫文と日本

孫文と日本とは深いかかわりあいをもっている。日清《しん》戦争のすぐのち、最初の広州蜂起《コワンチヨウ》に失敗して日本にたちよっていご、一九二四年末の最後の日本訪問までのあいだ、ある時は二年以上も、ある時は数日間と、滞在日数はさまざまではあるが、実にしばしば日本の土をふんでいる。通算すれば、かれの日本滞在日数はおそらく一〇年にもおよぶであろう。

孫文が頻煩《ひんぱん》に日本を訪れたのは、日本がかれの革命活動にとってつごうのよい根拠地であったからである。それは、一つには、日本には革新的な中国人留学生が多くいて、かれらを組織して運動を発展させることができたからである。たとえば、中国革命同盟会は日本で結成し、本部もまた日本においた。二つには、日本の政界・財界・民間人のあいだに、孫文の活動を積極的に支持し、援助する人びとが多くいたからである。

しかしながら、孫文が日本および日本人に好意をもちつづけ、密接な協力を願った最大の理由は、かれが、かれの目ざした中国の近代的改革、およびアジア諸民族の帝国主義からの解放を実現するうえで、日本国民に大きな期待をよせていたからである。明治維新いご急速に近代国家として発展し、また、欧米諸国との不平等条約を改正することに成功した日本は、孫文にとっては学ぶべき身近かな手本であったのみならず、アジアの一国である日本は中国はじめアジア諸民族の当面している課題をほんとうに理解し、アジア人としての連帯感にもとづいて共通の目的を達成するために指導的役割をはたすはずの国であった。

しかし、日清《しん》・日露戦争いごの日本の発展は、中国への侵略のはじまりであり、日本が欧米帝国主義諸国の仲間いりをして中国に圧迫を加えることを意味した。とくに第一次世界大戦中の日本の対中国政策は露骨《ろこつ》な侵略性を公然と表明したものであった。孫文の日本にたいする期待は幻想であったことが、だんだんと明らかとなり、孫文および中国人民と日本・日本人との協力・連帯関係はたちきられた。死去の三か月前、日本をおとずれた孫文は「大アジア主義」の講演で、日本は欧米帝国主義の手先となるか、それともアジア諸民族の味方となるのか、と日本の対中国政策を批判し、日本国民がほんとうのアジア連帯感にめざめて中国と友好親善の道をあゆむよう切望した。

今年は、日本の中国にたいする全面的な軍事侵略であった、いわゆる「日華事変」がはじまってから三〇周年にあたる。四〇数年前の孫文の警告をあらためて思いおこし、日本がふたたび進路をあやまらないよう、ほんとうに中国はじめアジア諸国の人びとと仲よくするにはどうしたらよいのか、などについて真剣に考えたいものである。

一九六七年一〇月一日

横山英
中山義弘

# 目次

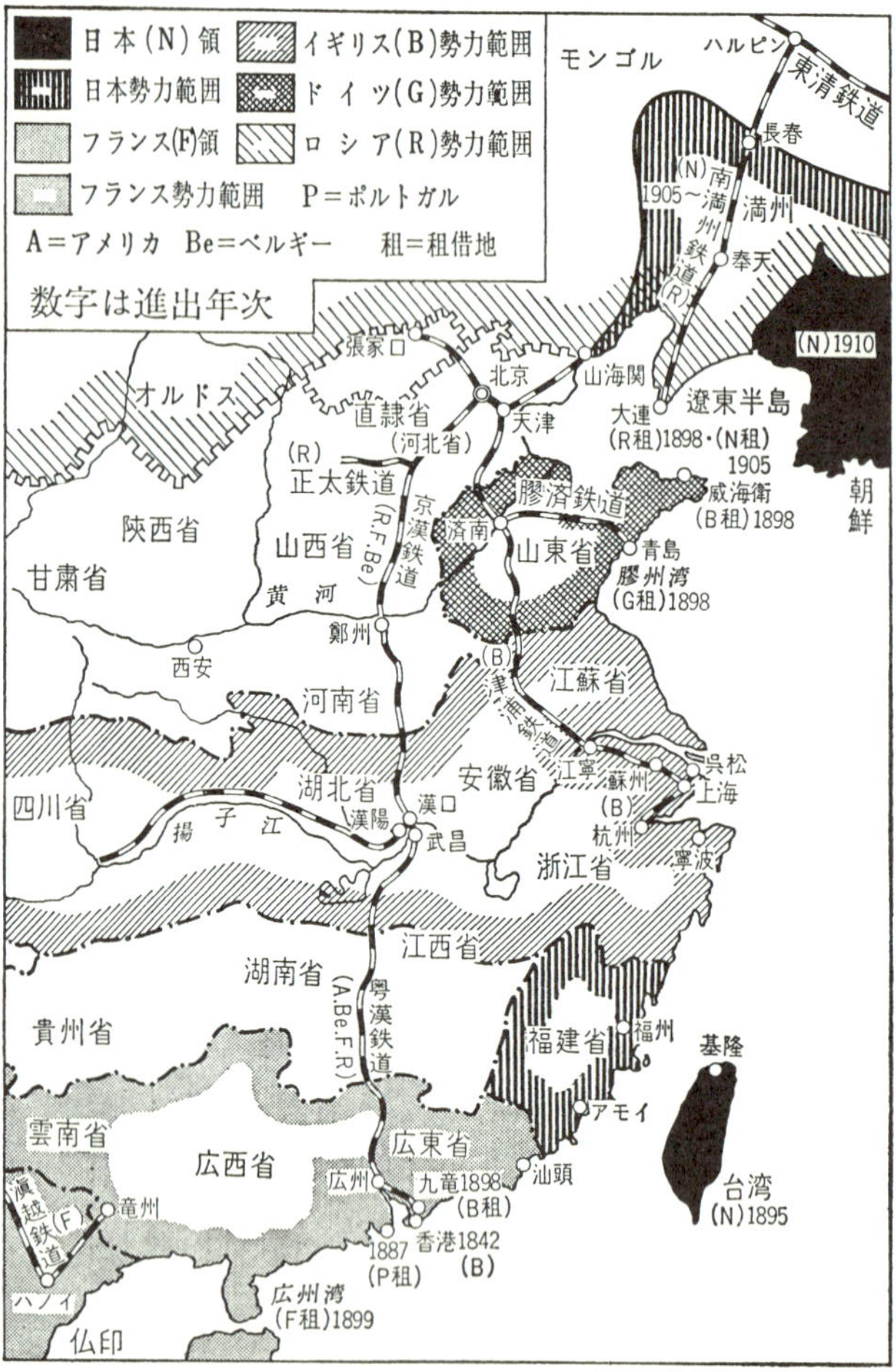


半植民地の中国（第１次世界大戦前）

# I

# 孫文の生涯

# 近代的知識人への道

## 南国の家郷

孫文《そんぶん》――孫逸仙《そんいっせん》とか孫中山《そんちゅうざん》と敬称されることが多いが――は一八六六年一一月一二日、広《カン》東《トン》省中山《チュンシャン》県翠亨《チュイホン》村の一農家の三男として生まれた。この村は、多くの川が網の目のように複雑にからみあって海に注ぎこんで形づくられた珠江《チュー川》デルタの東南端の海岸近くにある。亜熱帯性気候と豊富な水とに恵まれたこの地帯は、今ではユーカリとバナナの並木が緑の水田の間に高くそびえ、太陽と水と緑の南国情緒ゆたかな平和な農村である。

孫文が二六歳の時に自分で設計して生家の跡に建てた煉瓦建《れんがだて》の二階家は、現在では革命記念物として保存され、そのかたわらには記念館も新築されて、孫文の偉業をしのぶ内外の訪問客がおとずれている。

名もない農民にすぎなかった両親や家庭のことはよくわからないが、父は若い時にポルトガル領の澳門《マカオ》の靴屋で職人として働いていたが、二五歳のころに郷里に帰り、結婚して農業に従事した。宋慶齢《そうけいれい》女史の思い出話によれば、孫文はよく「わたしの家は貧乏な小作人で、みすぼらしい荒屋《あばらや》に住み、米が食べられなくて古い甘藷《さつまいも》を食べて大きくなった。わたしは、子どもたちの足には靴をはかせ、胃袋には米を満《み》たしてやらな

孫文の故郷

ければならないと思って革命家になったのだ」と話していたそうである。しかし、父が農業の暇に日傭い仕事にでたりして家計をやりくりしなければならなかったけれども、孫文の生家はかれがいうほどひどい貧農ではなく、村では中くらいの農家であったようである。家庭には古い伝統的な習慣が行なわれていて、父は辮髪《べんぱつ》[1]をつけ、母や姉は纏《てん》足《そく》[2]をしていた。この家庭の中には後年の進歩的な孫文を育てあげる雰囲気は少しもなかった。孫文の生きた時代と、かれの青少年時代いごの環境とが孫文を革命家に育てたのである。

## わんぱくざかり

孫文が生まれた一八六六年は、中国がアヘン戦争に破れて開国してから二〇数年後のことであり、政府の悪政に反対して武装蜂起《ほうき》した農民反乱軍がたてた太平天国《たいへいてんごく》が一五年にわたる戦いののち滅ぼされてから二年目にあたっていた。強大

1) 男子が頭髪をあんで後にたれる髪型。もともとは満州人の風習であるが、満州人が清《しん》朝をたてて中国を支配したとき、帰順のしるしとして漢民族に強制した。

2) 女子が三、四歳のころ足先を布で固く巻き、発育を抑止する習俗。最初にはひじょうな苦痛をともない、成人になると歩行が正常にできない。小さな足が美人の条件と考えられ、一〇世紀ごろから行なわれて普及した。

さと豊さを誇っていた中華帝国に、いまや内外から重大な危機がせまっていた。

しかし、まだ幼少で世間を知らなかった孫文は、牧歌的な南国の片田舎で両親や兄弟姉妹とともに、貧しいとはいえ平和で素朴《ぼく》な生活を一三歳の時まですごした。かれは、ほかの子どもたちと同じように粗衣粗食でかけまわり、ある時は野良《のら》にでて父の手助けをし、また、叔父の塾で儒教教典の手ほどきを受けた。塾での勉強はほんの短い期間であったらしく、おそらく初歩の教科書をいくらか棒暗記したにすぎず、後年の革命思想のもとになったとは思われない。

この頃の孫文の性格について、どこまでほんとうか疑問だが、かれの生《き》一本な抵抗精神を物語る伝説めいたエピソードが伝えられている。たとえば、隣家の豆腐《とうふ》屋の伜《せがれ》がかれの父親をばかにしたのに腹をたてて、豆腐《とうふ》のはいった大鍋《なべ》に石を投げこんで仕返《しかえ》ししたとか、姉妹がいやがるのになぜ纏足《てんそく》するのかと母親に詰問《きつもん》して困らせたとか、横暴《おうぼう》な兵隊にくってかかって追い払ったとか、いうのがそれである。また、塾で意味のわからない文章を棒暗記ばかりさせられるのに不満で、文章の内容を教えろと抗議したことがあるともいわれている。

## 祖国の危機

孫文はまだ気がつかなかったけれども、孫文の祖国には民族の存亡にかかわる重大な危機が内外からおしよせていた。

当時、中国は満州人がたてた清《しん》王朝（一六一六～一九一二）の支配下にあり、封建的な停滞と貧困とが支配していた社会であった。ところが欧米では一八世紀末いらい産業革命がすすみ、商品販売と原料獲得の市場を求めて海外植民地の争奪を競《きそ》い、一九世紀中頃には地球上に残された市場である東アジアに殺到した。「自由貿易」の旗印をかかげた欧米資本主義諸国は、第一次アヘン戦争（一八四〇〜四二）、第二次アヘン戦争（一八五七〜六〇）の二回にわたって大砲と軍艦とによる武力脅迫《きようはく》を行なって中国の門戸をうち破った。清《しん》朝は惨憺《さんたん》たる敗北をかさね、一八六〇年にはイギリス・フランス連合軍によって天津《テンチン》・北京《ペキン》が占領されるという深刻な事態さえおこった。

中国におくれること一〇数年にして、中国と同じく軍艦と大砲の威圧の下で日本の開国を宣言した「五か国通商条約」（一八五四年）がアメリカなど欧米資本主義列強にとって一方的に有利な不平等条約であったのと同じく、中国の開国を約束した最初の条約、南京《ナンキン》条約（一八四二年）は中国の不平等な対外関係をとりきめて、半植民地への第一歩となった。第二次アヘン戦争の結果としての天津《テンチン》条約（一八五八年）、北京《ペキン》条約（一八六〇年）は、中国の対外不平等関係をいっそう拡大し、欧米列強に侵略の「自由」を保障するものであった。

これら一連の不平等条約によって、中国はいやおうなく列強資本主義の世界市場の一環として組みこまれた。中国がどのような国際関係におかれたか少し具体的にみると、

（一）輸入品には商品価格の五％以上の輸入税をかけることができなくなり、関税自主権と商品課税権を失った。そのうえ、一八五四年いご税関の管理権は外国人の手ににぎられた。

(二)　列強に領事裁制権をあたえたのみならず、上海《シャンハイ》・天津《テンチン》・漢口《ハンカオ》など主要な大都市に外国人が行政権・警察権・司法権をもつ租界を設けることを許した。
(三)　片務的な最恵国条項[1]を承認させられた結果、中国は列国の共同の支配下におかれることとなった。
(四)　列強の軍艦は通商港その他の港湾に自由に出入することができ、軍艦という強力な軍事力の常時駐留を認めた。
(五)　香港《ホンコン》・九竜《カオルン》半島をイギリスへ、黒竜江《アムール川》以北の地およびウスリー江以東の広大な領土をロシアへ、それぞれ割譲《かつじょう》した。

欧米資本主義諸国が掲げた「貿易の自由」という旗じるしは、じつは「収奪の自由」という言葉の飾りにほかならず、中国はアヘン戦争から二〇数年の間に独立国として当然もつべき諸権利を大はばに奪いとられ、従属国として国際社会にひきずりこまれた。孫文が生まれる四年前に上海《シャンハイ》を訪れた幕末の志士、高杉晋作《たかすぎしんさく》は「中国人はみな外国人に隷属させられている。イギリス人・フランス人が街《まち》を歩くと中国人はみな道をよけている。上海《シャンハイ》は中国の土地でありながら、イギリスやフランスの領土みたいだ」と、欧米勢力に屈従した中国の実情におどろいた。列強は中国の内玄関にどっかりと居すわって、中国という「眠れる獅子《しし》」のどの肉をくおうかと貪欲《どんよく》な牙《きば》をといで機をうかがっていた。これが孫文の幼少時代の祖国の実情であった。

1)　ある国との条約の内容が自動的に他の国にも適用されるという条項で、天津《テンチン》条約に規定された片務的条項。

## 反満の烽火《のろし》

清《しん》朝はたいした抵抗もなく主権を外国に与えるという売国的な政府であったのみならず、国内的には専制政治をしいて広大な人民を収奪していた封建王朝であった。切迫した民族の危機はたんに外からきただけでなく、国内の奥深いところから、清《しん》朝の人民生活を保障しない腐敗した悪政に対する民衆の反抗という形であらわれた。重い税金に反対する百姓一揆《ひゃくしょういっき》はすでにアヘン戦争前からあったが、南京《ナンキン》条約いご資本主義商品が中国国内に深く入りこんで手工業を破壊し、また、銀の流出がデフレーションをひきおこしたのに伴って民衆の生活は一層苦しくなり、いたるところで政府に反対する暴動が頻《ひん》発《ばっ》し、社会は騒然《そうぜん》たる状態となって満州人の王朝に対する民衆の不満がみちみちた。このような民衆の反政府気運を結集して武装蜂起したのが太平天国《たいへいてんごく》の農民戦争であった。

洪　秀　全

広東《カントン》省生まれの洪秀全《こうしゅうぜん》（一八一四〜六四）は広州《コワンチョウ》で知ったプロテスタントの教義を自己流につくりかえて「救世主」を自称して反社会分子を「上帝会《じょうていかい》」という宗教団体に結集し、一八五〇年に「満州王朝を倒して漢民族の国をたてよう」のスローガンを掲《かか》げて武装蜂起を決行し、公然と清《しん》朝に反旗をひるがえした。かれが建設した太平天国の軍隊は中国南方各地の反満気運に乗じて勢力を拡大し、五三年には南京《ナンキン》を占領して都をたて、広い地域を支配して清《しん》朝と対立した。太平天国の軍隊は生活苦になやみ、封建的圧迫に苦しんでいた農民の要求をとりあげて、悪質な役人を殺し、役所や祠《ほこら》を焼き払い、徴税台帳・土地証文・借金証文を焼き、地主・郷紳《きょうしん》(地方の政治ボス)・僧侶を追い払い、富豪の財産を没収して貧民に分配するなど、大きな社会変動をもたらし、一五年間にわたって太平天国を維持した。第二次アヘン戦争がおこったのは、この動乱中であり、清《しん》朝は太平天国を鎮圧しようとして列強に屈服することを急いで列強の援助を求めた。

大地主や大商人の後援をうけ、また上海の外国軍隊の援助を受けた曾国藩《そうこくはん》(一八一一〜七二)や李鴻章《りこうしょう》(一八二三〜一九〇一)などの地方軍閥《ばつ》によって、太平天国は、孫文が生まれる二年前に鎮圧された。しかし、太平天国の影響を受けて捻党《ねんとう》の反乱が華北《かほく》にひろがり、また西北・西南部で回教《かいきょう》徒や少数民族の反満暴動が蜂起して、清《しん》朝の統一支配の基盤がくずれていった。清《しん》朝の政治の腐敗がもたらした深刻な社会矛盾は、もはや収拾しがたいほど広く深いものとなった。

### 抵抗精神の継承

孫文が生まれ育った広東《カントン》地方は、表面的には牧歌的な南国であったが、実際には中国が当面していた民族的危機と社会的危機とが集中的にあらわれていた。珠江《チュー川》デルタの中心都市広州《コワンチョウ》は江戸時代の長崎と同じように、鎖国をつづけていた中国のただ一つの貿易港であったので、この地方はまっさきに外国資本主義の影響を受け、また列強の中国侵略の足がかりとなった。孫文の郷里の南にはポルトガル領澳門《マカオ》があり、また広東《カントン》湾をへだてた七〇キロ東方にはイギリスの拠点香港《ホンコン》があった。

しかし同時に、この地方は欧米資本主義の圧迫と侵略とを最初に、より深刻に受けていただけに非妥協的な民族的反抗精神もまた旺盛《おうせい》であった。すでに早く、一九世紀三〇年代に珠江《チュー川》デルタ農民はイギリス綿糸の輸入に反対して抵抗したことがあるが、アヘン戦争の時には広州《コワンチョウ》郊外の農民は「平英《へいえい》団」を組織して長期にわたってイギリスの侵略に抵抗した。

また、清《しん》朝の圧迫にたいする抵抗意識がいかに強かったかは、太平天国の首領が広東《カントン》省出身でこの地方を地盤にして蜂起を画策しはじめたことからでもわかるだろう。太平天国が滅亡したのちも、この地方では太平天国の物語りが語り伝えられて洪秀全《こうしゅうぜん》は英雄として尊敬されていた。

革命的な愛国精神が広く深く民衆の間に根づいていたこの地方から、孫文のほかに、孫文と前後して政治改革に献身した革新的な政治運動家・思想家であった鄭観応《ていかんおう》（一八四一年生、没年不明）・康《こう》有為《ゆうい》（一八五八〜一九二七）・梁啓超《りょうけいちょう》（一八七三〜一九二九）などが輩出《はいしゅつ》したのは偶然ではなかった。孫文は革命活動の舞台に主として広東《カントン》省を選んだが、それは、この地方がかれの故郷であったという理由からではなく、革命運動の社会的基盤が存在していたからにほかならなかった。

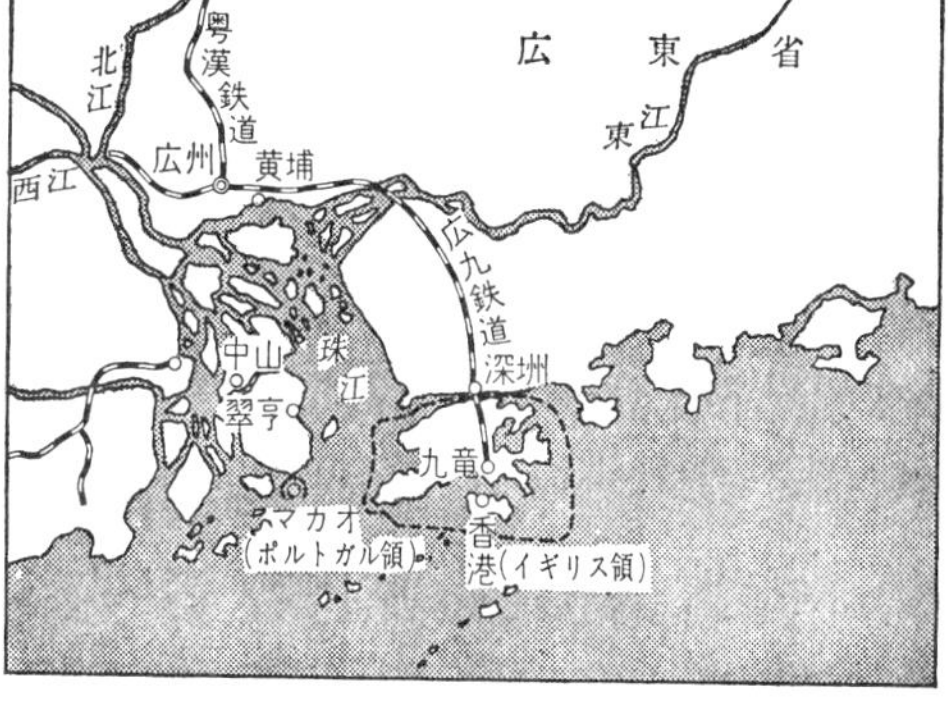


広州付近の地図

## 兄の成功

封建的地主制度の重荷《おもに》のために大多数の農民が苦しんでいた広東《カントン》地方の農村では、生活苦のために東南アジア各地へ移住する青年が多かった。アヘン戦争いご外国資本主義にまきこまれて農民の生活は一層苦しみをましたが、ちょうどこの頃、西インド諸島やハワイに勃興《ぼっこう》した甘蔗《かんしょ》プランテーション、カリフォルニアやニュージーランドの金鉱山の発見、カナダやアメリカの鉄道建設などのために大量の低賃金労働者の需要が高まった。ここで、広東《カントン》地方では移民ブームがまきおこり、農村青年たちは明日の食を求めて、そして、あわよくば一旗あげようと、ぞくぞくと海をわたった。

当時、これらの海外移住は猪仔《ちょし》貿易 Pig Trade とよばれ、実際には一船いくらで売買された奴隷貿易とかわらず、売買が禁止されて供給が絶えたアフリカ人奴隷の代わりとして豚同様のひどい取り扱いを受けた。この頃、キューバの農場では六万人にのぼる中国人労働者が苦境にあえいでいたといわれているが、アフリカ人奴隷の代わりに輸入された労務者であった。

孫文一家も移民ブームにのった。叔父二人はカリフォルニアのゴールド＝ラッシュに吸いよせられて故郷をでたが、孫文の出生前後に三〇代の若さで死んだ。しかし、叔父とともに一七歳でハワイに渡った長兄が成功し、孫文一家に幸運をもたらした。孫文より一二歳年上だった長兄は甘蔗プランテーションの労働者としてハワイ生活をはじめたが、ホノルルとマウイ島での農地開拓で成功し、一〇年たたないうちに巨財をたくわえて「マウイ王」とさえよばれるようになった。

兄の成功は孫家の家計の好転をもたらしただけでなく、孫文の生涯を決定する重要なものとなった。兄は孫文をハワイによんで、ヨーロッパ近代文化を学ぶ機会を与えた。孫文が一三歳の時である。もし、この機会がなかったら孫文の才能は埋もれてしまったかも知れない。

孫文に新しい環境が与えられた。かれはこの時いご二六歳までの一三年間、最初の四年間はハワイで、後の九年間はイギリス領香港《ホンコン》で近代的な学校教育を受け、外国領土で外国の文化を外国語で学んで、祖国解放をめざした革命指導者としての知識と才能とを身につけることとなった。欧米の資本主義社会とその文化が、欧米勢力を排除して祖国を救おうとした民族主義的革命家を育てることになったのは、まことに興味深い歴史の皮肉であったといわねばならない。

## ハワイでの勉強

兄は、孫文をホノルルのイオラニ＝カレッジへ入学させた。この学校はイギリス国教会の司教が自宅に設けたミッションスクールで、イギリス人教師がイギリス式教育をほどこした。英語の初歩から習いはじめた孫文は三年の間にめざましい進歩をとげ、卒業の時にはハワイ王から賞品をもらった。郷里で塾へ足を運んだとはいえ、ほとんど無学にひとしかった孫文は、この学校で欧米近代文化の初歩的な知識を得るとともに、バイブルを手にする習慣を身につけた。

つづいて孫文はアメリカ系教会のオアウ＝カレッジに進学した。この学校は中学校程度のレベルであったが、当時のハワイでは最高学府であった。イオラニ＝カレッジ時代にはイギリス史に興味をよせていた孫文は、新しい学校に入学してからはアメリカ史に興味をおぼえ、ワシントンの熱心な崇拝者になった。しかし、ここでの学校生活は長くは続かなかった。祖国の伝統的な文化とまったく異質な欧米文化、とくにキリスト教に心酔した孫文の生き方にたいして、欧米人に劣等感を抱きながら裸一貫《はだかいっかん》で仕事にうちこみ、多くの華僑《かきょう》と同じく伝統的な習慣や思考を固く守っていた兄が強い不満を抱《いだ》いたからである。孫文はまもなく帰国させられた。かれが一七歳の時である。

四年間に近いハワイ生活で孫文はなにを学んだであろうか。イオラニ＝カレッジで孫文を教えたウィリー司教は、孫文の生徒時代には「陰謀家」になるような兆候《ちょうこう》は少しも見られなかった。また、学校では共和主義改革者となるような教育はしなかった、と思い出を語っているが、たしかに生徒としての孫文は、まじめで頭がよく、勉強ずきな少年であった。しかし、孫文にとってハワイは今まで考えてもみなかった新しい世界であった。政治・教育・産業などあらゆる社会生活は郷里とは比較にならないほど進んでおり、ここには生き生きとした、自由な、合理的な生活があった。若く感受性にとんだ少年孫文が近代文化をむさぼるように吸収し、欧米文化の崇拝者となったとしても不思議ではない。そして欧米近代社会が理想社会のモデルとして頭脳にやきつけられた。

だが、ひとたび欧米文化の洗礼《せんれい》を受けた眼で祖国をながめたとき、そこには外国の侵略にさらされ、停滞と腐敗、無智と迷信が支配しているみじめな祖国と郷里があった。ハワイでも政治や産業の各分野で指導的な役割を果たしている欧米人と、その下で生活にあえぎ社会の底辺にうごめいている同胞を見ることができた。欧米文化に心酔したとはいえ、友人が嘲笑《ちょうしょう》するにもかかわらず辮髪《べんぱつ》を残していた孫文は、民族意識を失うほど西欧化されたわけではない。

ハワイでの新しい生活は、欧米の進んだ文化とおくれた中国の現状とを比較させ、欧米が強い理由と中国が弱い理由とについて解答を与えた。かれは、中国の政治や文化が欧米風に改造されることが、祖国を救い、民族を救済する道であると考えた。かれは、後年政治活動に入ってから、建設すべき近代中国の雄大なビジョンを欧米近代社会をモデルにして描きつづけ、そして、おくれた中国をどのようにしてそこまで到達さすか、という発想から改革の方法を考えた。この特徴的な発想法はハワイ時代に無意識のうちに形づくられたものといえるであろう。

## 伝統への反抗

村に帰った孫文はもう四年前の無邪気《むじゃき》な少年ではなかった。かれは西洋近代文化の眼で郷里の生活を観察し、批判し、もはや伝統的な村落生活にとけこむことはできなかった。ちょうど上海《シャンハイ》から帰ってきていた陸皓東《りくこうとう》という竹馬の友人と意気投合した。陸皓東《りくこうとう》は上海《シャンハイ》で欧米流の教育を受け、孫文と同じく英語もうまいクリスチャンであったが、強烈な反満思想をもち、中国の歴史、ことに太平天国についての豊富な知識をもっていた。二人は欧米文化、中国の現状、改革の問題などについて話しあったが、陸皓東《りくこうとう》が物語った清《しん》朝の腐敗と太平天国の話は孫文に深い印象を与えた。

二人は、キリスト教の感化をうけて清《しん》朝打倒に決起した太平天国の首領洪秀全《こうしゅうぜん》を気どり、迷信と旧慣につつまれた村人の目をさまそうとして、村民の信仰の的《まと》であった廟《びょう》の神像を破壊する「革命」を実行した。不満を爆発さす仕方としてはまことに幼稚な行動ではあるが、孫文らが迷信と愚昧《ぐまい》に満ちた非合理的な村の伝統に強い不満を抱いていたことをよくあらわしている。霊験《れいげん》はあらたかであって、この事件のため二人は村から追放され、陸皓東《りくこうとう》は上海《シャンハイ》へ、孫文は香港《ホンコン》へ移った。一八八四年の秋、孫文が一八歳の時である。

## 洗礼と結婚

はじめ孫文はイギリス国教会系のミッションスクールに入学したが、翌年春にはクイーンズ＝カレッジという官立高等学校に移り、一年あまり在学した。この短い期間中に孫文の父が死亡し、また、受洗と結婚という重大な出来事がおこった。

香港《ホンコン》に移ってまもなく、孫文は組合教会派のアメリカ人宣教師と知りあい、かれの手によって洗礼を受けた。当時、中国ではカトリック信者が約五万人、プロテスタント信者は約三万人いたといわれ、組合教会派はプロテスタントの一派で進歩的な思想傾向をおびていた。孫文の受洗はハワイの兄を怒らせた。孫文は兄によびつけられて叱《しか》られたうえ、旅費ももらえずに追いだされた。孫文は友人に助けられて香港《ホンコン》に帰ってきたが、いまや父に死なれ、村から追いだされ、兄から見はなされたかれは、自分の信仰と思想を持ちつづけようとする限り、自分で将来の生き方を考えねばならなかった。

ハワイ時代からクイーンズ＝カレッジ時代にかけて孫文は熱心なキリスト教信者であり、ことに香港《ホンコン》では伝導にも従事して多くの信者を獲得した。後年かれがロンドンの中国公使館に監禁されたとき「ただ一心に祈禱することでやっと自分を慰《なぐさ》めた。気狂いにならずにすんだのは、そのおかげだ」と述懐《じゅっかい》している。しかし、キリスト教への信仰は香港《ホンコン》時代いご急速にうすれていき、ことにかれの革命論とキリスト教教理とはほとんど関係が見られない。革命とは地上の人間が地上において、世俗的な人間を世俗的に救うことであるから、かれがキリスト教を革命論にもちこまなかったことは、かれの革命論から空想性を排除して現実的・実践的な理論たらしめた。だが、かれが後年に有名になって他人からサインを頼まれたとき、好んで「博愛」の二字を書いたことからみると、信仰そのものはうすれたけれども、いかなる場合にも死をおそれない勇気と、正義と人類愛にたいする強烈な熱情とは、青少年時代のキリスト教信仰に負うていたといえるであろう。

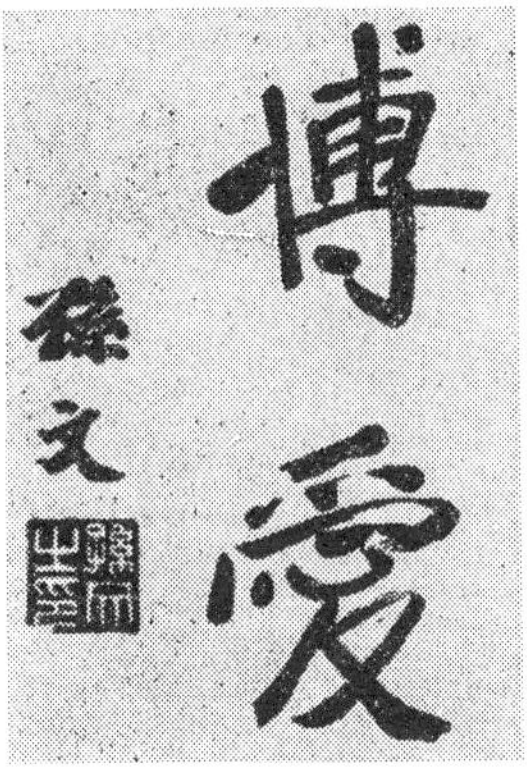

博愛の文字

一九歳に達した孫文は、古いしきたりどおり両親のきめた同郷の盧慕貞《ろぼてい》と結婚した。伝統に反抗しクリスチャンでもあったにもかかわらず、どういうわけか結婚に当たっては伝統に従順であった。妻を郷里において、孫文はときどき帰宅するという生活であったが、六年後には孫科《そんか》が生まれ、ついで二人の娘が生まれた。ただし、この結婚は最後までつづかなかった。一九一四年、孫文は四八歳の時に秘書をしていた二四歳の若く美しい宋慶齢《そうけいれい》と再婚した。このときかれは「生まれてはじめて恋を知り」ほんとうに愛情で結ばれた妻であり、また革命の同志であった伴侶《はんりょ》をえた。

兄に縁をきられた孫文は、宣教師の紹介で広州《コワンチョウ》の博済《はくさい》医院で助手として働いていたが、まもなく兄が孫文の熱意に感じて学資を送ってよこしたので、かれは医学の道にすすんだ。

## 医術と革命

かれは一九一二年に広州《コワンチョウ》の大学で講義したとき、医学を選んだのは「医学は人間の苦難を救う技術であるから、これを専門として選んだのだ。しかし、なおよく考えてみると、医術は救う人にも限りがあるし、慈善事業もそうである。もっとも大きな力をもつものは政治である。政治の力は大きな善もできるし、大きな悪もできる。わが国の人民の苦しみは不良の政治がおこしたものだ。国を救い人を救おうと思えば、悪い政治を除かなければだめである。革命思想は、こうして頭のなかにめばえてきた」とのべている。

また、後年、孫文は自伝で「わたしは一八九五年、中国がフランスに敗北した年から清《しん》朝を倒して民国をたてようと決心した。それいご、学校を宣伝の場とし、医術を生活の手段とした」と説明している。この述懐にはかなりの修飾があると思われるが、ベトナムをめぐる清《しん》仏戦争（一八九四〜九五）で中国が敗北したことが当時の愛国的青年の民族意識と対政府不満をかきたてたことは事実であり、当時香港《ホンコン》にいた孫文もその例にもれなかったこと、このの ち医学の勉強をしながら社会科学や革命史の研究を行なうとともに、愛国的な同志と時局問題や祖国の改造について論じあい、革命思想を高めていったことは確かである。

博済《はくさい》医院で孫文は鄭士良《ていしりょう》というクリスチャンの友人をえた。豪傑肌《ごうけつはだ》の鄭士良《ていしりょう》は三合会《さんごうかい》という反満秘密結社の頭目《とうもく》の一人でもあって、孫文と意気投合して清《しん》朝打倒への協力をちかった。孫文がのちに革命活動に入ってから鄭士良《ていしりょう》は部下の会党をひきつれて孫文の武装蜂起に協力をおしまなかった。孫文は誠実で有力な同志をえたのみならず、鄭士良《ていしりょう》を通じて中国社会の奥底にうずまいている反満思想とその強力な組織とを知ることができた。

一八八七年、孫文は香港《ホンコン》に新設された西医《せいい》書院（香港《ホンコン》大学医学部の前身）に入学した。この書院は、イギリスに留学して医学博士となり、当時香港《ホンコン》の議会議員の職にあり、また、革新的な改革思想家でもあった何《か》啓《けい》が亡妻を記念して建てたもので、最新の設備をほどこし、香港《ホンコン》在住のイギリス人名医が教壇にたった。五年課程のうち低学年では自然科学と医学の基礎教科が教えられ、高学年では外科・産科・病理・法医学など専門教育が行なわれた。当時、医学校では中国人のきびしい男女区別の習慣を考慮して中国人学生だけは産婦人科の臨床実習に加えられなかったが、孫文が中国婦人を治療しないわけにはゆかないとその差別あつかいに抗議したため、この書院では中国人学生も産婦人科の臨床に加えることになったという。

六年間の在学中、孫文は抜群の成績をつづけた。一八九二年に医学博士《ドクター》の称号をもらって卒業した時には、全科満点の成績で首席であった。かれはまじめに勉強し、近代医学を中心に近代自然科学の大要を学びとった。しかし、孫文はまじめで優秀な医者の卵にすぎなかったわけではない。かれは、当時ヨーロッパ思想界を風靡《ふうび》していたダーウィンの進化論に傾倒し、またフランス革命関係の歴史書もむさぼり読んで、「社会の病理」についても知識を深めることを忘れなかった。この時期には中国の古典にも親しんだ。

また、この期間、孫文は書物ばかりにかじりついていたのではなく、親友との交情を深め議論をたたかわして思想をたかめた。かれ自身、自伝でこの時期を「革命論時代」といい、次のように書いている。「その

反逆四人男（右から二人目が孫文）

内容がすぐれているのと、土地が自由で革命の宣伝に好都合なので、香港《ホンコン》の学校に移って勉強することにした。そして数年間、学業の余暇のすべてを革命の鼓吹《こすい》につかった。当時共鳴して同志となった者は、香港《ホンコン》では陳少白《ちんしょうはく》・尤少紈《ゆうしょうがん》・楊鶴齢《ようかくれい》の三人、上海《シャンハイ》では陸皓東《りくこうとう》一人であった。ほかの友人たちは、わたしの説を聞くと大逆不道《たいぎゃくふどう》の人間と思って近寄らなくなるか、あるいは精神異状者と見るのであった。わたしは陳《ちん》・尤《ゆう》・楊《よう》の三人と朝晩ゆききした。話題は革命論ばかりであり、胸の中もまた革命思想ばかりであり、研究することも革命の問題であった。香港《ホンコン》や澳門《マカオ》での親しい仲間たちの間では、わたしたちのことを『反逆《はんぎゃく》四人男』とよんでいた」と。かれはクラスメートから「洪秀全《こうしゅうぜん》」というあだ名をつけられた。かれがいつも洪秀全《こうしゅうぜん》について話をし、洪秀全《こうしゅうぜん》を英雄として尊敬していたからである。二〇歳代の青年医学生孫文の体内に、清《しん》朝に対する不満と救国情熱と改革思想とが充満していたことを知ることができよう。卒業前後には「青年中国党」という革新的政治グループに加盟していたともいわれる。

# 異民族王朝の打倒をめざして

## メスとの訣別《けつべつ》

一八九二年、西医《せいい》書院を卒業した孫文は澳門《マカオ》で開業した。かれは外科と産婦人科を得意としたが、西洋流の近代医学をマスターした二六歳の、若くて物わかりのよい青年医師は中国人住民の間でたちまち評判となった。ところが、あまり好評を得たためにポルトガル人医師のねたみをかい、ポルトガル当局から営業を禁止されることとなった。やむなく広州《コワンチョウ》で開業した孫文は外科医としてメスを振いながら、同時に広州《コワンチョウ》市内の有力者と交際を深めたり、学生時代からの友人たちと時局について討議したりして、政治改革への情熱も暖《あたた》めていた。しかし、まもなく、かれはメスを投げすてて急進的な政治改革活動に没頭することとなった。そのきっかけは一八九四年、日清《しん》戦争によって中国の民族的危機がいっそう深刻となったことであった。

中国が日清《しん》戦争に敗北したことは、たんに台湾《タイワン》や遼東《リャオトン》半島を失い、朝鮮半島に対する支配権を放棄したことだけを意味せず、当時ようやく帝国主義の段階に達した資本主義列強に、中国の分割と中国への資本輸出とを許し、中国の半植民地化を決定する重要な意味をもっていた。中国の有識者はこのことを敏感に感じとっていたと同時に、隣国の新興の一小国、日本に敗北したということは、アヘン戦争いらいヨーロッパ列強に敗れたこと以上に沈痛な屈辱感《くつじょく》を若い有識者に味わわせた。

危機感と屈辱感は若い知識人に強烈なショックを与え、政治の現状と為政者への強い批判と、政治改革への熱望とをかきたてずにはいなかった。下関《しものせき》条約が締結された時、ちょうど科挙《かきょ》試験[1)]を受けるため北京《ペキン》に集まっていた全国一八省からの受験生一二〇〇人が、康有為《こうゆうい》や梁啓超《りょうけいちょう》の対日降伏反対の主張に同調して請願書を提出したことは、当時の若い知識人がいかに愛国の情感をよびおこされていたかを物語っている。科挙《かきょ》の受験生が連名で、しかも当面の政治問題について皇帝に意見を具申することは、長い科挙《かきょ》の歴史上はじめてのことであった。かれらは、この請願書において下関条約の調印を拒否すべきことを主張するとともに、民族の危機と為政者の無能とを指摘し、近代的な政治制度を樹立することを要求した改革方針を提案した。

梁啓超《りょうけいちょう》が「わが国の四千年にわたる大夢をよびさましたのは、実に日清《しん》戦争である」とのべているように、この時いご若い近代的知識人による政治改革運動が力強く開始された。その革新的潮流の一派は康有為《こうゆうい》に指導され、他の一派は孫文を中心とした。これら二つの革新派が採用した改革方法や、理想とした政治形態にはちがいがあったが、その動機、およびビジョン――曾国藩《そうこくはん》や李鴻章《りこうしょう》などが推進していた軍国主義に反対して欧米風の近代国家を実現しようとする――は共通しており、ともに中国の近代的改革をめざした。かれら若いインテリゲンチャが養った知識は立身出世の道具ではなく、国家と民族の運命を改善し、中国の新しい歴史をつくるための原動力であった。

1) 高級官吏の資格試験。北京に全国からの受験生を集めて行なわれた。

## 興中会《こうちゅう》の結成

朝鮮をめぐって日本と中国との対立が爆発しようとしていた時、孫文らのグループは具体的な政治活動をはじめることを決意した。代表に選ばれた孫文と陸皓東《りくこうとう》とは天津《テンチン》で李鴻章《りこうしょう》に政治改革を要請した意見書を提出し、また、北京《ペキン》・武漢《ウーハン》をおとずれて各地の情勢を視察した。

当時の政界では、太平天国の鎮圧で名声をあげた曾国藩《そうこくはん》や李鴻章《りこうしょう》が実権を握り、弱体化した清《しん》朝の再建政策を推進していた。かれらは、清《しん》朝の支配体制が外国の侵略や国内民衆の反抗によって内外から破綻《はたん》しているのは強大な軍事力がないためである、という考え方にたって、外国から機械と技術とを導入してつぎつぎと兵器工場の建設や鉱山開発を行ない、また、その財源をえる目的で織物工場や汽船会社の経営をもはじめた。このため、中国ではじめて近代的な機械工業がはじまることになったけれども、李鴻章《りこうしょう》などは政治の民主化や国民全体の利益をはかることにはまったく関心がなく、むしろ国民の利益を犠牲にして軍国主義を推し進め、清《しん》朝という異民族王朝の専制政治を建てなおし、同時に自分たちの地位と利益をはかろうとするものであった。だから、かれらがそなえた近代的な武器は国内の民衆を弾圧するには効果をあげたけれども、外国の侵略を阻止する上ではなんの役にもたたなかった。このことは、清《しん》仏戦争・日清《しん》戦争の敗北によってはっきりと証明された。

しかし、孫文らの革新グループは李鴻章《りこうしょう》などが進めている政策が本質的には保守的なものであることに気がついていなかった。李鴻章《りこうしょう》は孫文が卒業した西医《せいい》書院の名誉賛助人でもあり、孫文の恩師カントリーは卒業式で李鴻章《りこうしょう》を西洋思想に理解のある実力者だと賞讃していた。このため、孫文らは李鴻章《りこうしょう》に期待をかけて政治改革案を提出したのである。孫文らの改革意見書は、李鴻章《りこうしょう》らの軍国主義政策を批判し、明治維新後の日本の近代化を例証として、人材の養成、農業の振興、工鉱業の振興、交通・運輸の開発の四政策が政治の基本であると主張し、近代的な科学技術と機械を採用して産業革命を急速に推し進める必要を力説したものであった。孫文は、意見書の提出に先だって、上海《シャンハイ》で鄭官応《ていかんおう》にあって意見書の訂正を受けたということであるが、このような意見書の内容はことさら目あたらしいものではなく、当時としては最も革新的な意見を抱いていた鄭官応《ていかんおう》など改良主義思想家の見解とそれほどちがうものではなかった。

孫文らの改革案に対して李鴻章《りこうしょう》はなんの回答も与えず黙殺《もくさつ》した。しかも、北京《ペキン》では日清《しん》間の険悪な空気をしり目に、軍艦建造費を流用して豪華な宮殿(現在、万寿山の頤《い》和園)をつくり西太后《せいたいこう》(一八三五〜一九〇八、当時の皇帝光緒《こうちょ》帝の伯母、宮廷内の実権者)の還暦祝いに熱をあげている状態であった。孫文は李鴻章《りこうしょう》への請願が失敗したことや北京《ペキン》政府の腐敗ぶりを知ったことによって、平和的な手段による政治改革のやり方が役にたたないことをさとった。請願からかえった直後、この年の夏に日清《しん》戦争がはじまり、中国の敗戦はあきらかとなって、国内では危機感と政治不信が高まった。孫文は同志獲得のための絶好の機会がきたと考えて、一一月にはハワイにおもむいて興中会を組織した。ハワイおよびアメリカ在住中国人の国家意識に訴えて同志をつのり改革運動の資金を調達しようとしたものである。しかし、ハワイでは賛成者が少なく、わずかに二〇数人にすぎなかった。翌年、日清《しん》戦争の敗北が決定的となった一月には帰国し、二月には香港《ホンコン》で興中会本部を設けた。このようにして、孫文ははじめて組織的な改革運動にのりだした。

興中会を設立した趣旨は宣言のなかにのべられている。この宣言の前文では、中国が列強の侵略にさらされてつぎつぎと主権をおかされ、今や分割の危機にあること、しかも、清《しん》朝の為政者が腐敗しきって信頼するにたりないこと、を痛烈に慨嘆《がいたん》して、「人民を水火の苦しみから救い、祖国の滅亡をふせいで、わが子孫が他民族の奴隷になってしまうことをふせがなければならない」と有識者に訴えた。そして、興中会の目的は「愛国の志をもった内外の中国人を結集して富国の方法を追求し、それによって中国を繁栄させ、国体を維持することである」とのべて、政治改革をめざした愛国者の団体であることを明示した。

一八九七年に孫文が発表した『ロンドン被難記』で、興中会は「中国の政体が時勢の要求にあわないので、平和的手段と漸進的な方法とによって朝廷に請願し、新しい政治を行なわしめようとしたのであり、そのもっとも重要な点は立憲政体を実施して専制腐敗の政治を廃止しようとしたことである」とのべているように、また、李鴻章《りこうしょう》への意見書提出の事実からも推測できるように、この時期の孫文の改革思想は立憲君主主義の思想であり、清《しん》朝が立憲政治を実行することを期待していた。また、かれが日清《しん》戦争の前後に書いた意見書や興中会宣言に、日清《しん》戦争にどのように対処するかという具体的な意見がなに一つ見えないこと、戦争の敗北を目前にした時期にハワイに渡っていたことなどから考えると、かれの救国の訴えは観念的・抽象的なものにすぎなかったと判断せざるをえないであろう。

## 蜂起計画の失敗

下関条約が締結されて日清《しん》戦争が清《しん》朝の惨憺《さんたん》たる敗北におわったことは孫文ら興中会メンバーの改革意欲を一そう刺激した。ところが清《しん》朝は国民の政府批判を抑えるために請願を禁止する命令を下した。このことは孫文らをおこらせ、清《しん》朝不信の気持をたかぶらせた。孫文は当時の気持を、『ロンドン被難記』の中で「われわれ同志はひどく失望し、平和的な方法がダメであることを知った。しかし、われわれの政治改革への情熱はますます強くなり、そこで、平和的な方法をやめて強硬《きょうこう》手段をつかって清朝に改革を強要する方法を採用せざるをえないと考えた」とのべている。

孫文らは武装蜂起を決定するとともに広州《コワンチョウ》を蜂起地点ときめて八月ごろから準備にとりかかった。当時、日清《しん》戦争の敗北直後のことで、民族的危機感と清《しん》朝にたいする不信感とが充満していた。また、日清《しん》戦争のために増員した軍隊の四分の三が解散させられることになり、軍隊内でも首切り反対の気運がおこっていた。このような客観情勢に助けられて興中会の計画は順調に進み、孫文らは一〇月初旬の武装蜂起をめざして、「排満興漢《はいまんこうかん》」（満州人を排除して漢民族の王朝をたてる）の伝統をもっている秘密結社や動揺している軍隊、政治不満を抱いている農民、などを組織し、また、外国から武器を購入した。ところが蜂起直前に一味のものが裏切って計画をもらしたので広東《カントン》省当局の手入れが行なわれ、いっさいの計画が水泡に帰した。セメント樽《たる》にかくしていたピストル六〇〇丁も発見され、指導者数人も逮捕された。この時、孫文の竹馬の友であった陸皓東《りくこうとう》も捕えられて二八歳の若い生命を断たれた。広州《コワンチョウ》市内にひそんでいた孫文は変装して脱出し、鄭士良《ていしりょう》・陳少白《ちんしょうはく》らとともに日本に亡命し、興中会は壊滅状態におちいった。広東《カントン》省当局は孫文ら一七人の指導的人物の首に賞金をかけて指名手配し、香港《ホンコン》の新聞紙上にも懸賞広告を掲載した。孫文への懸賞金がいちばん高く、広告文には「孫文すなわち逸仙《いっせん》、香山《シャンシャン》縣東郷《トンシエン》翠微《チユイウエイ》の人、額《ひたい》角寛《ひろ》からず、年約二九歳、賞金一千元《げん》」と書かれていた。

この武装蜂起計画が、官僚の暴政に対してただちに武器をとって反抗するという秘密結社の衝動的な一揆《いっき》主義の伝統に従って行なわれたものであることはいうまでもない。しかし、方法はそうであっても、孫文ら興中会の指導者は単なる不満の衝動的な爆発をはかったのではなく、興中会の会員に「満州王朝を倒して中華民族の国を再建し、合衆政府を創立しよう」という秘密宣誓を行なわせていたといわれているように、国家改造・民族救済という大目的をもっていた。捕えられて審問を受けても一言も口を聞かなかった陸皓東《りくこうとう》は、処刑に臨んで供状《きょうじょう》を書き残したが、それには「民族の危機を救うためには満州人王朝を打倒するのが先決であると孫文と意見が一致した。われわれは官吏を殺してわが漢民族に蹶起《けっき》するよう警告を発しようと考えた」と武装蜂起の動機を伝えている

広州《コワンチョウ》蜂起の計画は、たとい実現していたとしても、それがただちに中国各地に連鎖反応をおこして満州王朝顚覆《てんぷく》にむかって成功的に発展したとは思われない。しかし、孫文らは、民族的抵抗精神と反満思想が根強く、また戦後の動揺が充満している広東《カントン》地方で武装蜂起することは、あたかも太平天国の反清《しん》武装活動が広《カン》西《シー》省の辺地に爆発してまたたく間に華中・華南の広い地域と住民をまきこんだように、全国的反清《しん》暴動の導火線となり、全中国の漢民族の政治的自覚をよびおこすことになると確信していた。武装蜂起は暴力による

政治宣伝であり、漢民族全体に蹶起《けっき》をよびかける烽火《のろし》という意味をもっていた。

## 亡命・監禁

いまや死刑をまぬがれることのできない政治犯人となり指名手配をうけた孫文は、日本にたどりついたのちアメリカ、ヨーロッパへと、約三年間におよぶ亡命世界旅行に出発した。空想家と思われるほど純粋な理想主義者であったかれは、同時におそろしく強烈な意志の持主であり、どんな場合でも失望・落胆《らくたん》することなく、むしろ失敗するごとにかれの意志は堅くなった。三年間の亡命生活のあいだ、かれは政治改革の宣伝活動と、かれの改革思想を深めるための勉強とに費し、三民主義思想をつくりあげたのである。

数日間日本に滞在した孫文は政治活動の再出発を期してハワイにむかった。出発に当たってかれは満州人王朝への屈従を意味する辮髪《べんぱつ》を切りすてた。満州人のたてていた清《しん》朝と少しの妥協もなく対決する決意のあらわれであった。ホノルルでは六か月滞在し、その間、華僑《かきょう》のあいだで祖国の政治改革の必要性を説き、興中会の拡大強化をはかった。アメリカに渡ったかれは、各地の華僑《かきょう》と接触して民族意識に訴えた。

アメリカで三か月滞在したのち、一八九六年秋に、かれははじめてロンドンの土をふんで、香港《ホンコン》での恩師カントリー夫妻の世話で勉強をはじめた。亡命いらい本国からの指示で在外公使館や領事館は孫文を逮捕するために捜査網をはっていたが、孫文がロンドンに到着して一〇日目に、不注意にも清《しん》国公使館の前を通りかかった際、同郷人の公使館員に誘いこまれて監禁されることになった。この時のようすをかれはのちに英文で発表した『ロンドン被難記』にくわしく書いている。かれは、公使館二階の、窓に鉄格子のはまった一室に監禁され、本国へ護送される準備が進められていた。かれはカントリーに知らせて救ってもらおうとして、なんども紙片やハンカチに簡単な伝言をかいて、食事を運んできたイギリス人ボーイに頼んだり、あるいは紙片に救いを求める文字を書いて銅貨をつつんで窓のそとに投げたりした。それらはどれもむだにおわった。かれがいかに苦しんだか。『ロンドン被難記』では「ただ一心に祈禱することで、やっと自分を慰めた。気狂いにならずにすんだのは、そのおかげだ」と書いている。根気づよい孫文は、「自分はキリスト教徒だから処刑されようとしているのだ」とうそをついて正直者のイギリス人ボーイの同情をえ、カントリーと連絡をとることに成功した。カントリーのはからいで孫文は一〇日間の監禁から釈放された。この時、ロンドンの各新聞社が「革命家ロンドンで誘拐《かい》さる」「公使館の幽囚《ゆうしゅう》」などセンセーショナルな見出しで事件を大だい的にとりあげたので、孫文は一躍して国際的に有名な青年革命家（この時三〇歳）として脚光をあびた。当時の中国公使館員は「孫文の逮捕事件は、かえってかれの評判を高くした」と逆効果をひきおこしたことを残念がった。

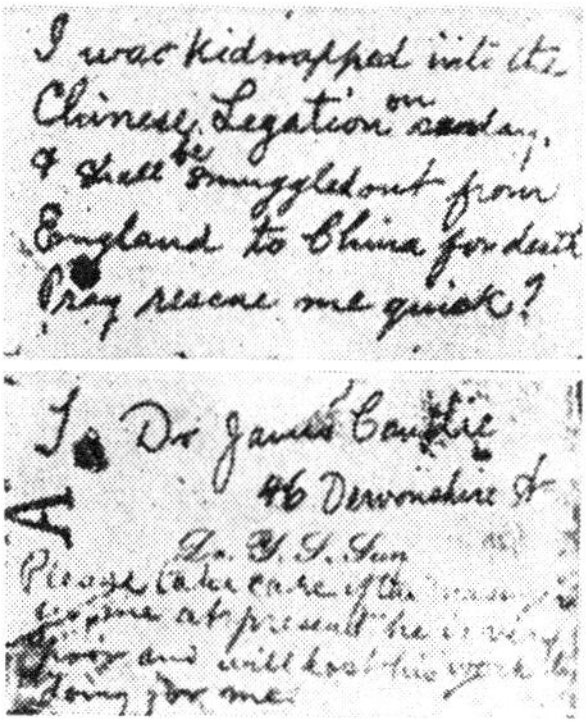
I was kidnapped into the Chinese Legation on Sunday, & shall be smuggled out from England to China for death. Pray rescue me quick?

To Dr James Cantlie
46 Devonshire St

カントリーに救出
を求めた紙片

## 三民主義の誕生

孫文は翌年六月までの約一年間、主としてロンドンに滞在してヨーロッパについて見聞を深めた。いままで孫文はハワイと香港《ホンコン》での体験、および書物を通して欧米先進国を頭の中に描き、これを新しい中国の未来像としてその建設のために献身しようとしてきた。いま、かれは欧米近代国家の発祥地であり、もっとも高度に発達したヨーロッパで生活している。おどろくべき技術の進歩と近代産業の発達、自由主義的法律秩序、デモクラシー、近代教育の普及と高度の文化水準、かれが、いかに熱心にヨーロッパ社会を観察し、研究したかは想像に難《かた》くない。孫文より五〇年ほど前、やはり祖国ドイツを追われてロンドンに亡命してきたマルクスは大英博物館で経済学を研究し、また資本主義社会の中心地ロンドンを観察してマルクス経済学の骨組みをつくりあげた。孫文は、一年たらずの短期間ではあったが、マルクスと同じようにロンドン滞在中にかれの政治思想、すなわち三民主義の原型を二つの契機によって創りだした。一つは理論学習であり、他の一つはかれの鋭い観察からであった。

かれはロンドンの大英博物館に通いつめて、イギリスの憲政史などのほか、こんどの政治活動や近代中国の建設に参考になると思われるものを手あたりしだいに読みふけった。当時、ひきつづき何かと面倒をみていたカントリーは孫文の勉強ぶりについて「かれはどんな瞬間をも娯楽に費すことなく、政治・外交・法律・軍事・鉱業・農業・畜産・工学・経済学などに関するあらゆる種類の書物を読んでいた」とのべている。孫文自身も「新しもの好きで、なんでもかんでも勉強した」といっている。博物館でロシア亡命革命家に会って話したこともあった。この時期に、マルクスおよびヘンリー＝ジョージをもはじめて知った。孫文は生涯マルクスおよびその学説については深く理解することはできなかったけれども、アメリカの経済学者ヘンリー＝ジョージの思想からは大きな影響を受けた。ヘンリー＝ジョージは一八七九年に『進歩と貧困』という著書で資本主義的土地国有論を主張して評判となったが、孫文がロンドン滞在中の一八九七年、ニューヨーク市長選挙に立候補して選挙戦の真最中《まっさいちゅう》に急死した。この劇的な死はいっそうヘンリー＝ジョージの評判を高め、かれの著書『進歩と貧困』は欧米でベスト＝セラーをつづけた。「新しもの好き」の孫文がこれに傾倒したのも無理はない。孫文の民生主義の中味である「地権の平均」という主張はヘンリー＝ジョージの土地単税論から学んだものである。

博物館で勉強する一方、注意深くヨーロッパ近代社会を観察していた孫文は、一つの新しい発見をした。それは、すばらしい近代国家のもつ暗黒面であり、資本主義社会に必然的に随伴した社会矛盾であった。かれは高度の産業発達のかげに、貧富のはなはだしい差と、貧乏な民衆が生活権を主張して資本家と対立していた労働問題とがあることに気がついた。そしてまた、マルクス・エンゲルスが『共産党宣言』を発表してからすでに五〇年後の当時、第二インターナショナルの指導のもとに、資本主義社会の否定をめざした社会主義思想と社会主義革命運動とが広く展開していることも知った。かれがいままで念頭にえがいていた理想社会ではなかった。ヨーロッパの民衆もけっして幸福ではなく、かれと同じように改革への努力を続けている事実を幻滅の悲哀とともに認識したのである。それは、かれの思想発展過程における大きなショックであり、かれはいままで新中国の未来図としてえがいてきたビジョンに訂正を加えこれを再構成しなければならなかった。民生主義はこのような発想から生まれたのである。かれは当時のことを、一九一八年の自伝で「ヨーロッパのようにいかに国家が富強となり、いかに民権が発達しても、それだけでは民衆が幸福になれない事実をはじめて知った。だからヨーロッパの志士も社会革命の運動をしているのである。私はそこで民生主義をとりあげ、民族・民権の問題と同時に民生の問題をも解決しなければならないと考えた。三民主義はこうしてできたのだ」とのべている。

ヨーロッパの現実社会に対する認識と、ヘンリー＝ジョージの学説の吸収とから民生主義は生まれた。ただし、これは原型であってロンドン滞在中に民生主義が完成したわけではない。民生主義が革命綱領として三民主義の不可分の原理となるためには今後数年間の研究と思索とが必要であり、かれが民衆にむかって宣伝しはじめるのは一九〇四年いごのことである。かれがみじかい滞在中に資本主義社会の不可避な矛盾に気がついたことは、かれの観察力の鋭敏さを物語っている。しかし、民生主義が半植民地・半封建社会の現実の中国民衆の貧困に対する観察からではなく、ヨーロッパ資本主義の矛盾にたいする直観から生まれたことは、民生主義を中国社会に適用する際に重大な欠陥をあらわすこととなり、のちに孫文は根本的に内容を変更せざるをえなくなる原因であった。

### 日本人との交友

当時、ヨーロッパへの中国人留学生はなく、華僑《かきょう》も少数で、政治宣伝には不適当であった。孫文はいたずらに時日を空費することを好まず、中国にもっとも近い日本を政治活動を再建するための拠点にするのが最適と考えて、一八九七年秋に日本にきて横浜に住居をかまえた。日本人の親友の一人であった宮崎寅蔵《みやざきとらぞう》に会って革命方針と方法とを質問された孫文は、「私は民衆みずからが自分を治めるのが政治の最高の原理であると信じている。だから政治の精神としては共和制がよいと思う」と共和主義の確信をのべ、さらに、「しかし、共和制を実現するためにはかならず革命が必要である。満州人は三〇〇年間も政権をとり漢民族を抑圧している。私は微力ながらも武装蜂起を行なって清《しん》朝を顚覆《てんぷく》して漢民族の自主を実現しようと考えている」と清《しん》朝打倒の決意をのべた。再起を期して日本の土をふんだ孫文には、すでにはっきりと、清《しん》朝を倒して立憲共和制の新中国を実現しようという民族主義と民権主義との思想が根づいていた。

「心を推して腹に置く」（他人を信頼する意）

日本にきた孫文は、自由民権運動左派の流れをくんでいた革新的な民主主義者宮崎民蔵《たみぞう》・寅蔵《とらぞう》（滔天《とうてん》）兄弟、中国進出を策謀していた国家主義者頭山満《とうやまみつる》、憲政党系の政治家犬養毅《いぬかいつよし》、松方《まつかた》内閣の外相大隈重信《おおくましげのぶ》、など日本人の民間や政界の有力者と接触して、日本各界の援助をえて再起をはかった。孫文は宮崎民蔵《たみぞう》とは同志としての深い友情で結ばれていた。宮崎はルソーやモンテスキューなどの民主主義思想に親しみ、また、孫文と同じくヘンリー＝ジョージの「単税論」に共鳴をおぼえて「土地共有論」を主張して活動していた。宮崎のこの「土地共有論」は孫文の「地権平均論」とよく似ており、相互に影響しあったらしい。孫文はこの時期に日本人風に姓を中山《なかやま》となのっていたが、のちにはこれを号にして中山《ちゅうざん》と称した。

## 祖国の分割

孫文の海外亡命中に祖国の内外政治情勢ははげしい動きをみせていた。その一つは列強の対中国侵略が新しい様相をおびて中国が半植民地の状態になったことであり、他の一つは、列強の動向に刺激されて中国の近代化をめざす政治改革の気運がたかまったことである。

当時、帝国主義段階に入った資本主義諸国は、資本の輸出のためにはげしい植民地獲得競争を行ない、アフリカの分割やアメリカ大陸の再分割にしのぎをけづっていた。中国もまた下関条約をきっかけに帝国主義諸国の分割競争の舞台となった。列強の中国への商品売込みも増大して一九世紀末には中国の対外貿易の赤字が、それまでの赤字の三倍ないし五倍に達するほどであったが、下関条約いごは借款《しゃっかん》供与、鉄道敷設権や鉱山開発権の獲得、工場の設置などの形で資本を中国に輸出する新しい侵略方式が一挙に進行し、同時に、獲得した権益と投資した資本の安全をはかるために租界・租借地を設け、それぞれの国の勢力範囲を設定して、事実上において中国を分割した。

列強が利権を獲得して中国を分割する競争は、ロシアがフランス・ドイツと提携して日本の遼東《リャオトン》半島に対する要求を放棄させて（三国干渉）、その代償にシベリア鉄道を満州経由でウラジオストクまでのばす権利をえたことからはじまり、一八九八年に絶頂に達した。そして、翌年までには、列強の勢力圏がほぼきまった。ロシアは東清《とうしん》鉄道と遼東《リャオトン》半島を拠点にして満州一帯に、ドイツは山東《シャントン》半島を、フランスは広州《コワンチョウ》湾と雲《ユン》南《ナン》・広西《カンシー》両省に、イギリスは九竜《カオルン》半島と威海衛《ウエイハイウエイ》とを租借するとともに揚子《ようす》江《こう》流域一帯に、日本は台湾《タイワン》を拠点に福建《フーチエン》省に、それぞれ勢力圏を設定した（地図参照）。他の国ぐににおくれて東アジアに進出してきたアメリカは門戸開放・機会均等を主張して中国への割りこみを策した。

日清《しん》戦争の当時、孫文や康有《こうゆう》為《い》が分割される危機がせまっていると憂慮していたことは現実となった。列強は利権の獲得をめざしてたがいに対立と衝突をくりかえし、中国は多数の国に従属する立場におかれただけでなく、列国間の複雑な利害にふり回されることとなった。孫文は、このような状態におちいった中国を「次植民地」とよび、インドなどのように一国だけに支配されている植民地よりも悪

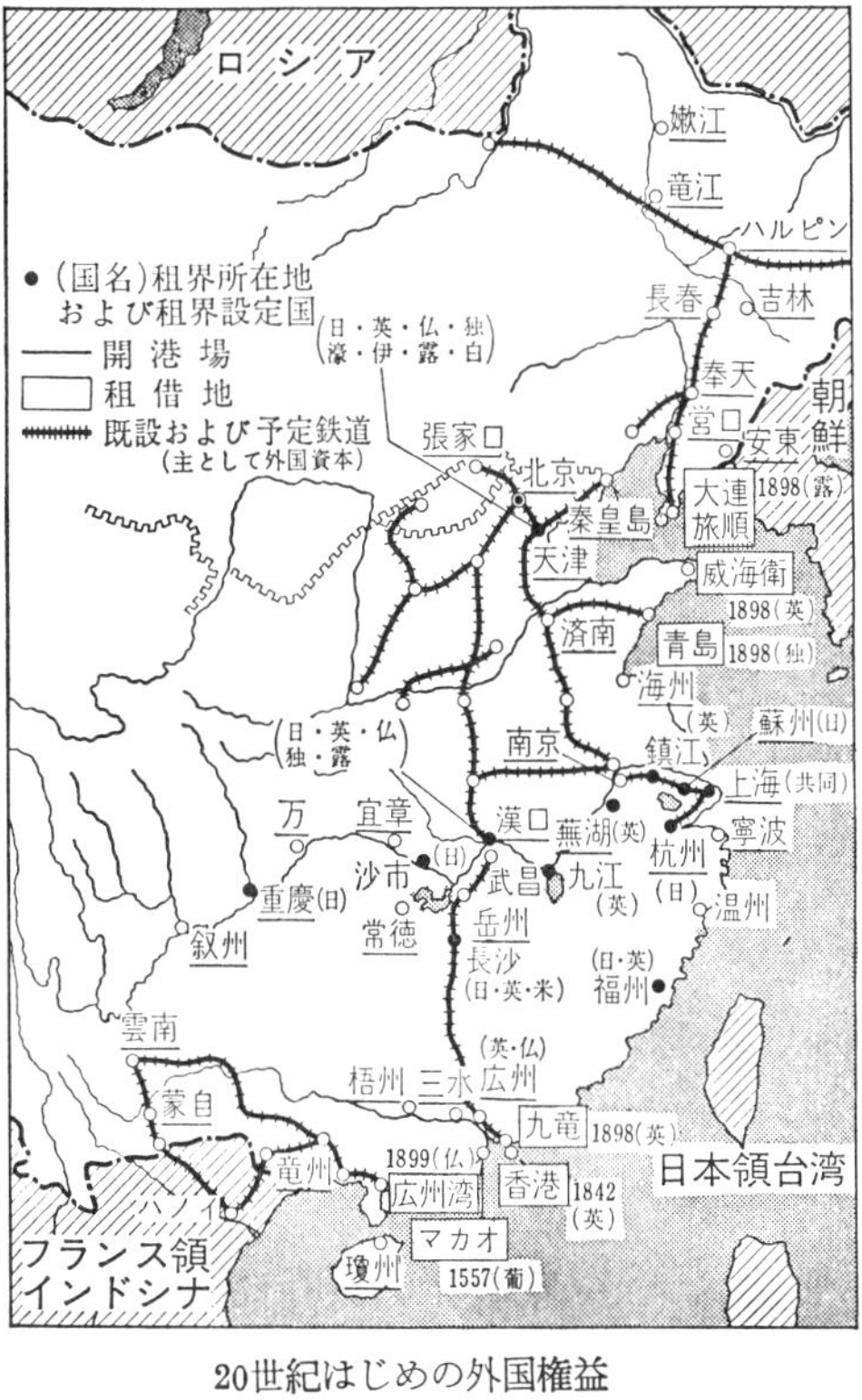

20世紀はじめの外国権益

い状態だとのべている。

当時、清《しん》朝の宮廷内では西太后《せいたいこう》が実権をもち、かの女と結びついた李鴻章《りこうしょう》が政治・軍事・外交をにぎっていた。李鴻章《りこうしょう》は「国内にたいしては思うままに支配力をふるえるほど強い男であったが、外国の命令や支配にはすぐ服従する弱い男であった」。

**百日維新**

日清《しん》戦争の敗北は、日本はなぜ強いのか、という問題を有識者になげかけた。さらに、戦後の民族的危機は、進歩的な官僚や愛国的な知識人に大きなショクを与え、李鴻章《りこうしょう》などが指導する政治に根本的な批判を抱かしめた。かれらは軍事力の西洋化だけでは富強な国家を建設することができず、より根本的な政治改革が必要であることを痛感した。康有為《こうゆうい》は下関条約の締結にあたって政治改革案と対日講和反対とを上申したが、その後も北京《ペキン》にとどまって『中外紀聞』という新聞を発行して欧米先進国の政治制度を紹介し、また、強学会というグループを結成して研究と宣伝につとめた。全国各地では、いたるところに政治団体・啓蒙団体・研究会・新聞社が設立され、革新的な風潮が一挙にもえあがった。

一八九八年には、これら改革運動の指導的中心機関として康有為《こうゆうい》らを中心にした保国会が成立した。この保国会は国土・民族・儒教的伝統を保全し、政治改革を実行することを目標としていた。改革の具体的方法は産業の近代化、教育の普及、科挙《かきょ》制度の改革、官僚機構の整備などであって、日本やロシアにならって啓蒙的専制君主のもとで、近代的な政治・経済制度をうちたてようとしたものであった。かれらは宮廷内で少数派であった光緒帝《こうちょ》（在位一八七五〜一九〇八）と結びついて、光緒帝《こうちょ》を明治天皇やピーター大帝になぞらえて上から下へと改革を断行しようとして六月に政権をにぎった。かれら革新政治家は保国会の政策を実施するため改革の詔勅をつぎつぎと発した。しかし、かれらは「皇帝の権威にたより、紙片の上諭《じょうゆ》で」改革できると考えていたので、西太后《せいたいこう》を中心とした保守派のクーデターによってあえなく政治の舞台からひきおろされた。革新政権が存在したのはわずかに百日であった。康有為《こうゆうい》と梁啓超《りょうけいちょう》は日本に亡命し、その他の指導的な人物は殺害されたり免職されたりしてしまった。康有為《こうゆうい》らの政治改革は、近代的な政治・経済制度の出現を要求していた新興の資本家層や欧米思想を吸収した新しい知識人の支持をえていたが、これら新興勢力の力はまだ弱く、また、改革運動が国民運動でなかったために、保守派の攻撃に抵抗することができなかったのである。

日本は孫文一派と康有為《こうゆうい》一派との活動の舞台となった。犬養毅《いぬかいつよし》らは両派の提携をはかろうと努力したが、康有為《こうゆうい》らは立憲君主制の考え方にこだわり、保皇会を組織して皇帝擁護、反満革命反対の主張を明確にして孫文らとの協力を拒否し、日本・ハワイ・アメリカなどの華僑《かきょう》にはたらきかけてかれらの勢力を拡大した。このため孫文らは興中会の会員や支持者を康有為《こうゆうい》らに奪われ、政治活動は困難となった。孫文はこのころを回顧して「革命の前途はまったく暗黒で、希望もほとんど消えようとした」といっている。しかし、この間、孫文は日本の政界や民間で有力な支持者を獲得し、また一八九九年には「反満」の伝統をもつ二つの秘密結社と提携して興漢会を組織することに成功した。

義和団のポスター（怪獣は欧米人）

また、この年にはフィリピンの独立運動を援助して、ここを足場に中国国内で武装蜂起をはかろうと計画した。この計画は輸送船が沈没したため失敗におわったが、孫文がアジアの民族解放運動にたいして強い連帯感をいだいていたことを示す好例である。かれは日本国民との協力を生涯にわたって忘れたことはなく、遠くトルコの革命や南ア戦争（ブーア戦争）にも深い関心をよせた。また、第一次世界大戦後にはインドの反英独立運動に注意を払い、ガンディーの無抵抗主義にも共鳴した。孫文の革命思想には、中国と同じように列強に抑圧されたアジア・アフリカ諸国民の解放運動にたいする深い共感が流れていた。

**好機乗ずべし**

康有為《こうゆうい》らの改革運動は挫折《ざせつ》したが、こんどは知識人にかわって農民が清《しん》朝の保守的・対外従属的な政策に反抗して暴動をおこした。その最高潮が一九〇〇年の義和《ぎわ》団の暴動である。この暴動は自然発生的な、飢饉《ききん》で食を失った窮迫農民を主体とした、激しい排外暴動であった。しかし、中国が列強によって分割され、しかも、政府が対外従属政策にうき身をやつしていた当時の情況のもとでは、かれらの盲目的な暴動は客観的には外国勢力にたいする大きな抵抗となった。列強に中国をアフリカやポーランドのように分割しつくすことをあきらめさせたのは、義和《ぎわ》団に示された中国民衆のおそるべき抵抗エネルギーであった。清《しん》朝は義《ぎ》和《わ》団を利用して排外政策をすすめ、列国に宣戦を布告した。しかし、列国の連合軍に敗北して、一時北京《ペキン》が占領された。清《しん》朝は敗北した結果、ばく大な賠償金をおわされたほか、外国軍隊の北京《ペキン》駐留を認めさせられた。そして国民は清《しん》朝にたいする信頼をまったく捨てさり、清《しん》朝を打倒する以外に民族の出路はありえないという反満風潮が抬頭してくるのである。李鴻章《りこうしょう》や張之洞《ちょうしどう》などでさえ、中国の中部および南部で独立国をたてる策謀をめぐらす状態であり、武漢《ウーハン》地方では康有為《こうゆうい》の流れをくむ唐才常《とうさいじょう》が独立国をたてるために武装蜂起を計画した。これらはどれも未遂に終わったけれども清《しん》朝への不信が充満したことを物語っている。

孫文らは義和《ぎわ》団を「妖《よう》言でまどわし、乱をあおって国を危くする乱民である」と非難して敵視した。しかし、孫文らは、北方が義和《ぎわ》団の暴動で混乱しているのは武装蜂起をおこす絶好のチャンスだと考えて秘密結社のメンバーを動員し、一九〇〇年一〇月に広東《カントン》省の恵州《フイチョウ》で蜂起した。しかし、日本政府が武器を援助する約束をとつぜん中止したため、期待していた軍需品の援助がえられず、蜂起は失敗に終わった。このとき、弘前《ひろさき》市出身の山田良政《やまだよしまさ》は蜂起に参加して戦死した。この計画は成功しなかったけれども、義和《ぎわ》団事件をきっかけに世論がかわり、孫文らに有利となった。孫文はこの世論の変化について、「第一回目の広州《コワンチョウ》での蜂起の時には大逆不道の逆賊とののしられたが、恵州《フイチョウ》蜂起ののちには、人びとはわれわれをののしらないだけでなく、有識者からは失敗したことを残念がられた。以前とくらべると天地の差である。国民の迷夢もようやく醒《さ》めはじめたことがわかった」とのべている。

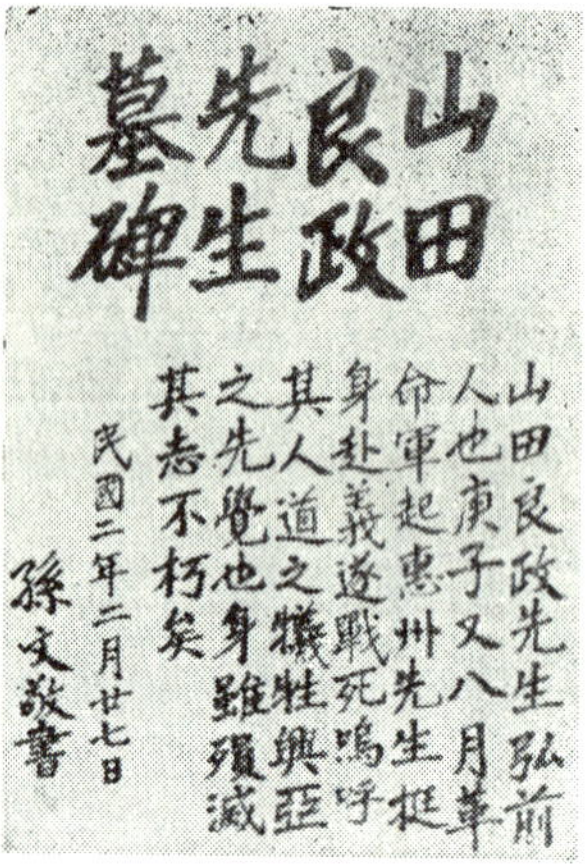

山田良政墓碑銘

## 反満風潮の開花

蜂起に失敗した孫文は日本にもどり、横浜の隠れ家にひそんで戦争や兵器、政治経済に関する欧米の新刊書や雑誌をよみふけり、また、新しい活動のあり方について思索をねった。一九〇三年にかれはハノイを訪れて、フランス当局と華商の大歓迎をうけた。海外での宣伝活動の有利さを知って自信と勇気をとりもどした孫文は世界一周の遊説旅行を思いついた。当時、日本への留学生は一万人前後におよび、かれらは各省ごとに同郷会を作って、それぞれ機関紙を出版して排満の主張を宣伝していた。孫文は日本に立ちもどって廖仲愷《りょうちゅうがい》（一八七六〜一九二五）らと留学生を中心とした新しい組織をつくる相談をした。来日していたかれの妻何香凝《かこうぎょう》（全国人民代表大会常務委員、全国婦女連合会名誉主席）はこの時「満州王朝を排除し、中華を回復し、民国を創立し、地権を平均する」という誓詞《せいし》をして加盟した。このスローガンは二年後に結成される中国革命同盟会の中にとり入れられるものである。孫文らは興中会を組織がえして新組織をつくることを考えていたのである。

日本での活動を廖仲愷《りょうちゅうがい》らに依頼した孫文は、ハワイ・アメリカ・ヨーロッパへと二年間におよぶ遊説旅行に出発した。この二度目の世界旅行の目的は、華僑《かきょう》の支持をえて軍資金を集めることと、欧米列強の援助と同情を獲得することであった。アメリカ滞在中には『中国問題の真の解決』と題した英文パンフレット一万部を印刷して欧米の有識者に配布した。このパンフレットで、孫文は反満運動の前途が明るいことを自信をもって説き、アメリカ国民が支援を与えてくれることを期待した。当時、ハワイには約二万五千人、アメリカには約九万人の華僑《かきょう》がいて、かれらの間には康有為《こうゆうい》ら保皇会の勢力が浸透していた。孫文は「われわれは満州王朝の打倒、漢民族の中国建設を志《こころざ》し、保皇会の連中は満州王朝の擁護、清朝への屈従を志している」と宣伝につとめたが、成果はまったくあがらなかった。しかし、ヨーロッパ在住の留学生は、人数は少なかったけれども、熱狂して孫文を迎えた。かれははじめて三民主義・五権分立の改革論を発表して留学生を組織した。

　世論が孫文らの活動にとって有利に動いていたにもかかわらず、かれは祖国の民衆によびかけることをしなかった。義和《ぎわ》団事件いご、国内では、外国で新思想を身につけた若い知識人を中心として、さまざまな革新グループが活動をはじめ、新聞・雑誌・著書を発行して反満思想を宣伝した。蔡元培《さいげんばい》・章炳麟《しょうへいりん》らは一九〇二年に上海で中国教育会を組織し、『蘇《そ》報』という機関誌を出版した。翌年には鄒容《すうよう》の「革命軍」という論文を掲載して百万部以上の売れゆきでベスト・セラーとなった。「革命軍」は「数千年にわたる専制政体を一掃し、数千年来の奴隷根生《こんじょう》を脱却し、わずか五百万人の禽獣《きんじゅう》にひとしい野蛮《やばん》な満州人をみな殺しにし、二六〇年の大恥《ち》辱《じょく》を洗い流して中国大陸を清浄な土地にするもの、これが革命だ。革命は進化の法則、世界の公理だ。革命は天命と人情の自然にそうものだ。革命は腐敗をとりのぞき、正義をうちたてるものだ。革命は野蛮から文明に進むものだ。革命は奴隷が主人にかわるものだ」という序論にはじまり、「漢民族人種革命独立万歳、中華共和国万歳、中華共和国四億同胞自由万歳」におわる激烈な反満思想で充満したものであった。そのため、清《しん》朝の弾圧をうけて『蘇《そ》報』は発行禁止となった。しかし、この事件は全国に大きな反響をよびおこし、反満の気運をいっそう助長した。この事件のすぐのち、蔡元培《さいげんばい》らの光復《こうふく》会、黄興《こうこう》・陳天華《ちんてんか》らの華興《かこう》会が成立したが、いずれも反満の伝統をもった秘密結社と深い関係をもち、「排満興漢」という種族主義の主張を趣旨としていた。『革命軍』のパンフレットや陳天華《ちんてんか》が口語文で反満と排外を訴えた『猛回頭《もうかいとう》』『警世鐘《けいせいしょう》』などの書物は、かれらの宣伝の武器となって普及した。

## 同盟会の結成

日露戦争（一九〇四〜五）は中国の領土内で日本とロシアとが中国の利権を奪いあった戦争であった。この戦争における日本の勝利は、日本が強力な帝国主義国家として中国への侵略の地歩を確立したものであった。戦後、日本政府が中国人留学生にたいする取締りを強めたことに抗議し、また、同胞の憤《ふん》起をうながすために自殺した陳天華《ちんてんか》は「こんにち日本と同盟することは朝鮮の前例をあゆむことであるが、また日本と手をきるとアジア全体がほろびる」と絶命書を残した。反満運動の闘士であったかれは、日露戦争に侵略主義の本質があることに気づき、絶望のあまり死を選んだのである。

しかし、その当時には日露戦争はアジア諸民族に共感をもってむかえられ、民族的な自覚と自信をよびさました。孫文は「日本がロシアに勝った。ヨーロッパ人はうち勝てないものではなかったのだ。ロシア敗北の騒ぎは全アジアに反響をよんだ。われわれ東洋民族は昂然《こうぜん》と頭をもたげた。限りない熱狂がわれわれをとらえた」とのべている。またインドのネールも「アジアの一国である日本の勝利は、アジアのすべての国ぐにに大きな影響を与えた。わたしは少年時代にどんなに感激したか。ヨーロッパの一大強国は敗れた。アジアはヨーロッパをうち破ることができるはずだ。ナショナリズムはいっそう急激に東方諸国にひろまり、アジア人のアジアという叫びがおこった」と語っている。

一九〇五年七月、孫文は勝利の興奮がうずまいていた日本に帰ってきた。その時、日本では本国で弾圧されて亡命してきた光復《こうふく》会や華《か》興《こう》会の指導者が活動しており、日露戦争をきっかけに各種勢力を合同して強力な連合戦線を結成し、いっきょに清《しん》朝を打倒しようとする気運が急激に高まった。実践の経験と理論とをもった孫文は凱旋《がいせん》将軍のように迎え入れられた。宮崎寅蔵《とらぞう》などの斡旋《あっせん》で反清《しん》勢力の大同団結がなり、八月には中国革命同盟会が成立した。この成立大会には留学生がいなかった甘粛《カンスー》省をのぞく一七省の代表者数百人が出席した。孫文は三民主義および五権分立について演説し、全員の共鳴をえた。大会は孫文を総裁にして三民主義思想を綱領として採用した。ただちに機関紙『民報』が発行され有力な指導者が論陣をはった。同盟会の成立は、単に有力な反清《しん》団体の連合ができたという

同盟会成立大会で演説する孫文

だけでなく、全国各省の代表が結集したこと、および三民主義という思想を共通の政治綱領にしたという点で、画期的な意義をもつものであった。

同盟会は対内方針として（一）満州王朝の打倒、（二）中華の回復、（三）民国の建設、（四）地権の平均の四項目をかかげた。しかし、この四項目はすぐのちには民族・民権・民生の三主義にまとめられた。一九〇五年一〇月、同盟会の機関誌『民報』第一号が発刊された。この巻頭には「世界第一民族主義大偉人黄《こう》帝[1]」の肖像をかかげ、次のページには「世界第一民権主義大家ルソー」「世界第一共和国建設者ワシントン」の肖像をのせている。孫文は発刊の辞をのせて、つぎのようにのべている。「欧米では近代民族主義によって国家が独立し、民権主義によって立憲政治を確立した。だが、一九世紀末になって経済問題が発生して民生主義がおこり、いまや社会問題となっている。ストライキがさかんにおこり、無政府主義政党や社会主義政党がおこって社会革命がこようとしている。中国ではまだ近代化がすすんでいないので、いまのところ民族主義と民権主義が望まれていて、民生主義の必要は感じられていない。だが、民権主義・民族主義といっしょに、欧米で実現困難な社会主義、つまり民生主義をも、このたびの革命でいっきょに解決しておくべきである」と。また、一九〇六年末、孫文は「三民主義と中国の前途」と題する講演を行ない、その中で、同盟会の四項目のうち最初の二項目を民族主義、第三項目を民権主義、第四項目を民生主義と名づけて内容をくわしく説明した。ただし、民権主義と民生主義とについては会員に十分には浸透せず、同盟会会員がほんとう

1) 黄帝は中国人の祖先と考えられている古代伝説上の人物。

に一致して認めていたのは反満を内容とした民族主義だけであった。同盟会がせっかく孫文の三民主義を綱領としてもちながら、反満民族主義だけに重点をおいたことは、大きな欠陥であった。しかし、この欠陥は、反面では、清《しん》朝政治の現状に不満をもち、改革を要求していた多くの人びとを反満に結集させて、清《しん》朝を倒すために力を集める上では大きな意味をもった。

また、同盟会は満州王朝をたおしたのちの共和国建設の順序を定めた。これは、軍政期・訓政期・憲政期の三段階をへるものとされ、のちに「建国大綱」として体系化される。

同盟会は「対外宣言」を発表して対外政策をあきらかにした。その内容は、こんご列強と清《しん》朝との間で結んだ条約や契約は認めないが、いままでの列強がもっているあらゆる既得権を認めるというものであった。このことは半植民地状態におかれている中国の現状を承認することにほかならず、同盟会の民族主義には、列強の侵略を排除して民族の完全独立を達成するという民族解放の思想が欠けていた。

同盟会は本部を東京において上海《シャンハイ》・香港《ホンコン》・シンガポールなどの要地に支部を設けて活動を開始し、機関誌『民報』は日本で発行した。孫文が「一年もたたないうちに加盟者は一万人をこえ、支部も各省に成立した。これいご革命（清《しん》朝打倒）の気運は急速度にたかまり、その進展ぶりは予想以上であった。外国政府も同盟会の発展ぶりにおどろいて関心をはらった」とのべていることからも、同盟会の活動が発展したようすをうかがうことができる。

**中華帝国の臨終《りんじゅう》** 中国国内で光復会《こうふく》や華興会《かこう》などの反満運動がはじまった同じ時期に、国内ではもう一つの革新運動が活発化《ばっ》した。それは康有為《こうゆうい》らの流れをくむ立憲運動であり、主体となったのは、義和《ぎわ》団事件後ようやく根本的な政治改革の必要性に気がついた民族資本家や地主層など地方有力者であった。一九〇三年に日本の立憲制度と商工業政策を視察した張謇《ちょうけん》はその指導者であった。かれは「日露戦争は立憲と専制との勝負である」として注目し、日本の勝利に自信を強めて専制政体を立憲君主制に改良することが日本のように富強な国になる根本問題だと主張した。日露戦争後に清朝が立憲制の採用を公表し、国会と地方議会の準備をはじめると、立憲派は促進団体を各地につくって活動をはじめ、康有為《こうゆうい》や梁啓超《りょうけいちょう》ものりだした。一九〇八年に清《しん》朝は憲法大綱と国会開設までのプログラムを発表した。しかし、憲法大綱は日本の明治憲法のまるうつしで、清《しん》朝皇帝の「万世一系」や「君権の至上」をうたい、立憲議会政治は形式だけのものであった。そのうえ、立憲議会政治の準備期間は九年間というものであった。清《しん》朝の立憲政策は立憲派に大きな不満をいだかせ、かれらは大だい的な国会速開請願運動を展開して清《しん》朝と対立を深めた。

立憲運動の背景となったのは一九世紀末いらいの民族資本主義の発展であった。ことに一九〇三年からの殖産興業政策にのって軽工業が発展し、日露戦争の時期に一つのピークにさしかかった。一九〇六年には全国各地に商工業者団体が組織され、民族資本家はこれを拠点に政治的・経済的要求をおしだして活動しはじめた。かれらは、自分たちの利益をはかるために、外にむかっては外国製品ボイコット運動や鉱山や鉄道など外国に与えていた利権を回収する運動をすすめ、対内的には税金や内地関税などの軽減を要求した。このような民族資本家の要求もまた清《しん》朝の内外政策と対立するものであった。立憲運動は民族資本家が自分たちの要求を政治に反映させようとしたものであった。

孫文らの同盟会は機関誌『民報』において梁啓超《りょうけいちょう》など立憲君主制論者の機関誌『新民叢《そう》報』と論争をつづけながら宣伝と言論戦を行ない、同時にいくたびもの武装蜂起を南部地域でくりかえした。たとえば、一九〇六年には萍郷《ピンシエン》・瀏陽《リユウヤン》・醴陵《リーリン》の蜂起、一九〇七年には黄岡《ホンガン》(潮州《チヤオチヨウ》)、恵《フイ》州七女湖《チヨウチーニユホー》、防城《ファンチエン》、鎮南関《ジャンナングワン》の蜂起、一九〇八年には欽州《チンチヨウ》、廉州《リエンチヨウ》、河口《ホーカオ》の蜂起、一九一〇年には広東《カントン》新軍の蜂起、一九一一年には黄花岡《ホンホーガン》の蜂起などが連続した。同盟会はたとえ局部的にでも輝かしい勝利をうれば、それが野火のように全中国にひろがると考えて、秘密結社の力をかりて一揆《いっき》主義的な蜂起をくりかえしたのである。しかし、蜂起は失敗のつみ重ねであった。河口《ホーカオ》蜂起ののち当時二六歳の汪兆銘《おうちょうめい》が北京《ペキン》に潜入して摂政《せっしょう》王を暗殺しようとして未遂におわった事件は、同盟会員が蜂起の失敗に絶望して焦燥のあまりテロリズムにはしった証拠である。この間、孫文は資金の調達と列強への宣伝を

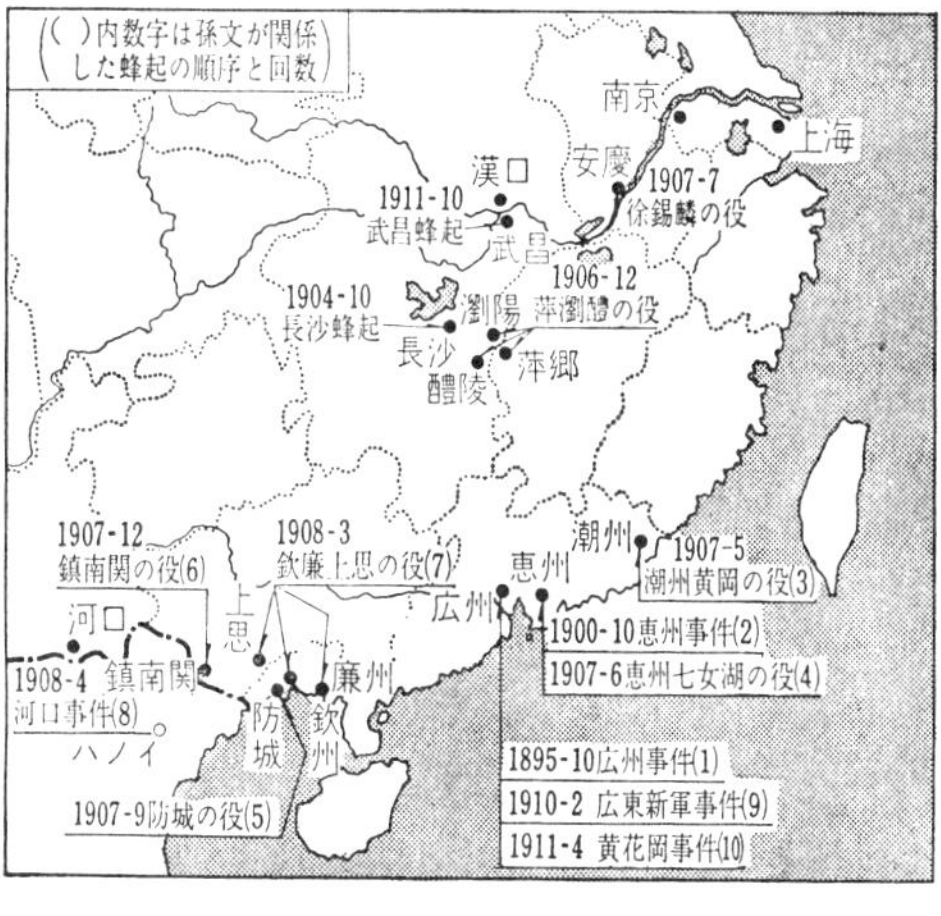


同盟会派の蜂起状況

かねて一九〇九年と翌年との二回にわたって世界遊説に旅だった。

同盟会の中国南部沿岸地域での武装暴動がくりかえされていたとき、他の地方でも清《しん》朝にたいする不満が増大して社会不安が抬頭していた。一九〇八年には国際的経済恐慌のあおりを受けて深刻な金融恐慌がおこり、経済界に大きな打撃を与え、商工業者は不況になやんだ。また、おなじ時期いご、ばく大な賠償金支払いと、国家財政たてなおしのために清《しん》朝が行なった増税にたいする農民の反対暴動が各地に激化した。これらのことが当時各地をおそった天災とも重なって米騒動もおこった。農民や貧民の反政府的・反社会的暴動は揚子《ようす》江《こう》流域にことにはげしく、社会に深刻な動揺をひきおこした。このように、当時、反政府運動が爆発する状態が全国的に進行していた。

一九一一年にはいって、清《しん》朝は民間鉄道を国有化する政令を発布した。鉄道を国有化したうえで、これを担保にして外国から借款をえ、国家財政をたてなおそうとしたのである。この国有化政策に反対する運動が四川《スーチユワン》・湖南《フーナン》・湖北《フーペイ》・広東《カントン》で全省民をまきこんで燃えあがった。同盟会員の呉玉章《ごぎょくしょう》らは九月に四川《スーチユワン》で保路同志軍を指揮し数百万の大衆を動員して清《しん》朝に反旗をひるがえした。ついで一〇月一〇日、同盟会の影響下にあった団体が武昌《ウーチャン》の軍隊を煽動《せんどう》して蜂起し、湖北《フーペイ》軍政府を樹立した。情勢の急変を見た立憲派も反清《しん》にふみきり、清《しん》朝打倒・共和国樹立の風潮がまたたくまに全国にひろがり、この年の末までには一五省が独立を宣言して新政府をたて、清《しん》朝の支配下から離脱した。これが歴史上で辛亥《しんがい》革命とよばれるものである。

孫文が武昌《ウーチャン》蜂起を知ったのは四度目の世界遊説旅行でアメリカのコロラド州デンバーにいるときであっ

た。かれがうけとった香港《ホンコン》発の暗号電報には、武昌《ウーチャン》蜂起の計画があるから資金調達を頼むとあった。孫文は時機を待てと電報をうって中止させようと思ったが疲れていたのでぐっすり寝こんだ。翌朝目をさまして、なにげなくホテルで新聞を見ると、武昌《ウーチャン》蜂起成功のニュースがのっていておどろいた。そして、数日後の新聞には「武昌《ウーチャン》の革命軍は孫文の命令で蜂起したもので、共和国の建設を目的としている。最初の大統領にはきっと孫文が選ばれるだろう」という記事があつた。孫文は責任の重大さをいっそう感じた。かれはイギリス・フランスにおもむいて外交工作にあたり、一二月二五日に上海《シャンハイ》へ帰着した。公然と祖国の土をふむのは一八九五年の亡命いらい二〇年ぶりであった。

孫文を迎えた一七省の代表者会議はかれを臨時大総統に選出した。一九一二年元旦、孫文は南京《ナンキン》において臨時大総統に就任し、共和制の中華民国の成立を宣言した。興中会時代いらい二〇年にわたって主張し、苦難の多い実践活動をくりかえしてきた念願、清《しん》朝打倒・共和国樹立の大目標が達成されたのである。この大変革は孫文が直接に指示し指導したものでもなく、また同盟会本部が計画して推進したものでもなかった。しかし、孫文と同盟会が言論と実践とによって強力に主張した民族主義思想が深く、広く民衆の心をとらえたからこそ実現したものにほかならない。辛亥《しんがい》革命は孫文とその三民主義思想が導きだしたものといわなければならない。

# 立憲共和国の建設をめざして

## 七〇日大総統

大総統に就任した孫文は、民族・領土・軍隊・内政・財政の統一という基本政策を宣言し、臨時政府を組織して立憲議会政治の確立を急いだ。近代的な思想とセンスを身につけた四六歳の若い大総統をいただいた新生国家、中華民国の前途は希望にかがやいているように見えた。だが、革命のほんとうの仕事はこれからであった。

武昌《ウーチャン》蜂起におどろいた清《しん》朝は袁世凱《えんせいがい》（一八五九〜一九一六）を内閣総理大臣に任命して対抗策をまかせた。かれは李鴻章《りこうしょう》がそだてた近代的軍隊の実権をにぎっていた軍事的実力者であったばかりでなく、民族意識をもちあわせていなかったので帝国主義列強からもうけがよかった。いわば、半植民地の現状を維持し、国内封建勢力の温存をはかるのにもっとも適した実力者《ストロング・マン》であった。かれは北京《ペキン》において政治支配権をつよめるとともに、南京《ナンキン》臨時政府にたいしては軍事攻撃と妥協との二面政策をとった。政治力も軍事力も弱かった南京《ナンキン》臨時政府は、これ以上の内戦を避けるために妥協し、清《しん》朝皇帝の退位と共和制の採用とを条件にして袁世凱《えんせいがい》を大総統に選出することを承認した。二月一二日に清朝皇帝が退位を宣言して二千年来の帝政に終止符がうたれ、一五日の国会では孫文の大総統辞任、袁世凱《えんせいがい》の大総統選出が決定した。袁世凱《えんせいがい》は三月一〇日に北京《ペキン》で大総統に就任し、中華民国の政権が孫文から袁世凱《えんせいがい》に移った。そして翌日には南京《ナンキン》の国会が起草した臨時憲法が公布されて、中国は統一された新しい立憲共和国として生れかわった。ここで辛亥《しんがい》革命は成功裏に幕をとじた。

辛亥《しんがい》革命は帝制をうち倒したけれども、封建制度と帝国主義侵略勢力とにはなんらの影響もあたえなかった。この意味では半植民地・半封建社会の枠《わく》内での政変にしかすぎなかった。しかし、孫文はじめ同盟会の同志は、かれらの政治目的が達成されたと満足した。なぜならば、かれらの三民主義思想の中心であった民族主義と民権主義とは、満州人の清《しん》朝を倒して共和制を樹立することを内容としていたからである。孫文は四月に行なわれた同盟会の解散式にのぞんで「今日、清《しん》朝の皇帝が退位して中華民国が成立し、これで民族・民権の二つの主義が達成された。ただ民生主義だけが着手されていないから、われわれは今後この実行に努力しなければならない」と演説した。かれは中華民国の成立によって、かれの政治目的の三分の二が達成されたと考え、共和制に賛成した袁世凱《えんせいがい》と協力して民国の発展を推進しようとした。孫文は八月に袁世凱《えんせいがい》に招待されて北京《ペキン》へおもむいた。袁世凱《えんせいがい》は特別列車を仕立てたり孫文歓迎歌を作曲させたりして歓迎ぶりをしめし、孫文の協力を要請した。孫文もまた袁世凱《えんせいがい》にたいして強力な軍隊の建設を依頼するとともに、一〇年間に一〇万キロメートルの鉄道を建設するプランを披露《ひろう》して全国鉄道建設長官の任務をひきうけた。また、コロンビア大学に留学させていた息子に学資を送ってくれるようにも袁世凱《えんせいがい》にたのんだ。

**革命党の蒸発《じょうはつ》**　半植民地・半封建社会の状態にあった中国の実情のもとでは、帝国主義の侵略を排除し、封建制度を除去することが近代化のための前提条件であり、このような目的をもった変革こそが、ほんとうの民主主義革命であった。しかし、孫文はじめ同盟会の同志たちにはこのような思想は、はっきりと自覚されておらず、共和国の樹立によって政治改革の任務はおわり、「統一後は重心が社会問題に移った」という考えにたって、新しい政治活動をはじめた。

　孫文は、のちには袁世凱《えんせいがい》を「反革命の専制階級」であると徹底的に非難するようになるけれども、当時、封建勢力の代表者であり、帝国主義列強の忠実な代理人であった袁世凱《えんせいがい》と親密な協力関係を結んだ——そのために袁世凱《えんせいがい》に買収されたのだという噂《うわさ》がひろまったが——のも不思議ではない。孫文は中国の無限の資源と労働力とを開発して富かな工業国を建設しようとプランをねった。かれは「民国の領土は日本の二〇倍、人口もまた日本の二〇倍に達する。もし日本にならって門戸解放主義を採用すれば、数年のうちにわが国は日本の一〇倍も富強な国になるであろう」と将来を楽観していた。かれは「今日、鉄道の建設こそが当面の急務であり、民国の生死存亡の鍵《かぎ》である」とのべているように、鉄道建設が産業発展の基礎であると考えて一〇万キロメートルの鉄道建設プランを作成したのである。このようなプランは世間では夢のように思われ、人びとは孫文に「孫大砲」（ホラ吹きの孫）というニックネームをつけた。かれは、鉄道敷設と近代工業建設のために外資を導入しようとした。これが孫文の「門戸解放主義」という考え方で、帝国主義列強の共同投資・共同開発の場所として中国の領土と人口を提供しようというものであった。列強帝国主義の投資を歓迎することは中国の半植民地状態をいっそう深め、列強に収奪の自由を保証するものにほかならなかったが、帝国主義の本質について認識していなかった当時の孫文は、外資導入を本気で考えていたのである。一九一三年には借款要請に日本をおとずれた。

目標を失った同盟会は存在意義がなくなった。宋教仁《そうきょうじん》や黄興《こうこう》などは議会主義政党の結成に奔走《ほんそう》し、旧官僚・立憲派政客・軍閥《ばつ》など雑多な分子を集めることに成功して国民党を結成した。かれらは袁世凱《えんせいがい》を党首にかつごうとしたほどで、国民党は袁世凱《えんせいがい》の与党であった共和党と、その政治方針においてほとんどかわらなかった。かれらは、もはや政治改革の意欲を失って政権争奪のための政党活動に狂奔した。南京臨時政府は臨時憲法を公布していた。この憲法は主権在民と基本的人権とを明記したりっぱな民主主義憲法の内容をもっていた。同盟会系指導者は国会において多数党を構成し、政党内閣の原理にしたがって政権を掌握しようと考えたのである。しかし、紙に書かれた憲法がいかに無力なものであるかは、すぐに思い知らされるのである。同盟会のメンバーたちは鉱山開発・開墾事業などの実業会社、汽船会社、銀行などの企業に軍閥《ばつ》や立憲派の人びとといっしょに投資し、商工業企業家に転じた。「革命軍がおこって革命党が消えた」と嘆《なげ》いた人がいるように、辛亥《しんがい》革命の成功によって革新的な伝統をほこっ

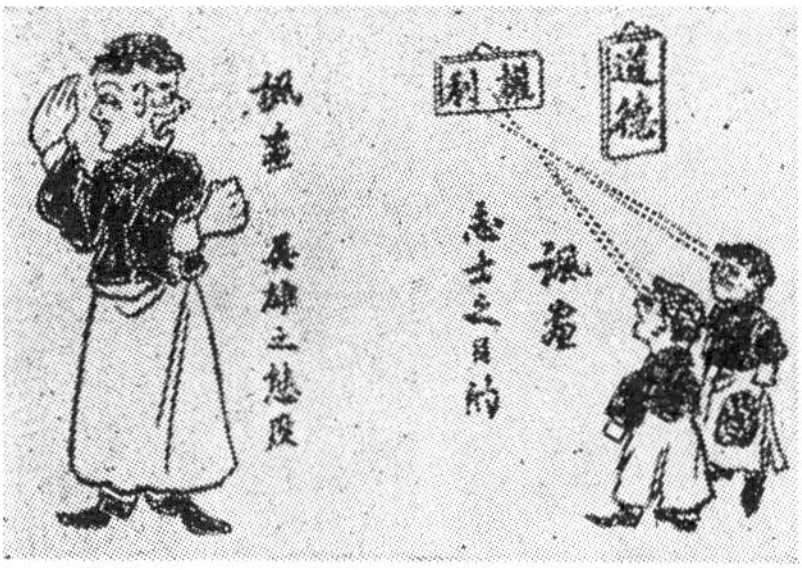

革命家を風刺した絵

ていた同盟会は影もなく消えうせた。

南京臨時政府が辮髪《べんぱつ》を廃止したので、日本の帽子製造業者は輸出ブームで大もうけをしたということであるが、辛亥《しんがい》革命は民衆の生活にはなんの影響ももたらさなかった。しかし、政治上では民主主義的な臨時憲法をのこした。こんごの政局はこの臨時憲法を破壊するか、あるいはこれを擁護するか、という争いとして展開されることとなった。

## くずれさる民国

一九一三年二月の第一回総選挙において、国民党は衆・参両議院とも政府与党を圧倒して第一党となった。この国会は正式憲法の制定、正式大総統の選挙を行なうことになっていた。袁世凱《えんせいがい》は武力による国民党の弾圧を決意し、まず、政党内閣を組織すべきことを主張していた宋教仁《そうきょうじん》を暗殺した。また他方では、袁世凱《えんせいがい》は、議会の承認もえずに日本・ドイツ・フランス・ロシア・イギリスの五か国の銀行団から二、五〇〇万ポンドの借款を行なって、国民党弾圧の軍事費にあてた。ついで国民党系の各省の長官をやめさせたり、左遷したりした。このような弾圧に反対して七月には袁世凱《えんせいがい》打倒の軍事蜂起がおこったが、二か月をへずして鎮圧された。孫文と黄興《こうこう》は日本に亡命をよぎなくされた。

反対派を鎮圧したので袁世凱《えんせいがい》の武力的独裁政治の基礎ができた。かれは正式の大総統に就任するや国民党を解散させ、国民党議員四三八人の資格を剝奪《はくだつ》して国会を壊滅させた。翌年には国会停止令、省議会解散、臨時憲法にかわる非民主的な新憲法の公布を強行し、軍事的独裁政治を確立した。

袁世凱《えんせいがい》の独裁強化政策によって立憲共和制が消し去られる危機がせまっていることを見てとった孫文は、日本で新しい政治団体の組織をすすめ、一九一四年七月に中華革命党を結成した。この党は臨時憲法の精神にもとづいた民国の建設と、民生主義の実現とを綱領とし、党員の団結を強調した。入党にあたっては「わたくしの身命・自由・権利を犠牲《ぎせい》にし、孫先生にしたがって革命を再挙します」という誓約書に拇《ぼ》印をおすことが要求され、孫文の独裁下に規約を厳守することが義務とされた。きびしい秘密結社的な組織であったため、黄興《こうこう》など古い同志をも吸収することができず、また、全国民衆への宣伝も軽視されたため、この党は力の弱い同志的な小集団にしかなりえなかった。当時、日本には多くの亡命政客がいたが、再起の目あてもなく意気沮喪《そそう》し、経済的にも窮迫していた。ところが、孫文はこの時、秘書の宋慶齢《そうけいれい》と結婚した。当時いろいろ非難をまぬがれなかったのは当然であろう。しかし、孫文にとっては、かれの死後今日にいたるまでかれの革命的伝統を守ってきたすぐれた伴侶《はんりょ》をえたわけである。

## 帝制の亡霊

孫文が中華革命党を結成したすぐ後に第一次世界大戦が爆発した。孫文は列強が袁世凱《えんせいがい》を援助することができなくなったので、袁世凱《えんせいがい》を打倒する好機がきたと考え、翌年には「袁《えん》賊《ぞく》はながらくわが国民を苦しめている。世界に共和国が出現していらい、この袁世凱《えんせいがい》政府ほど禍《わざわい》をもたらしたものはない」とのべて袁《えん》政府打倒をよびかけた。しかし、本国に基盤がなかったので、政治情勢に影響を及ぼすことはできず、この間に、かえって中国の民族的危機と、袁世凱《えんせいがい》の帝制運動とが進行した。

21か条要求の風刺画

日本は第一次世界大戦を中国進出の好機とみなし、日英同盟を口実に参戦して山東《シャントン》省のドイツ権益を占領した。そして、これを恒《こう》久化するために一九一五年一月には二一か条要求を袁世凱《えんせいがい》政府につきつけた。この要求は㈠山東《シャントン》のドイツ権益をうけつぎ、㈡旅順《リュイシュン》・大連《ターリエン》（旅大《リュイター》）および南満・安奉両鉄道の租借期限の延長、南満・東モンゴルにおける日本の特殊権益の承認、㈢漢冶萍《かんやひょう》鉄鋼会社の共同経営、㈣中国沿岸の港・島の他国への租借・割譲の禁止、㈤日本人を政治・財政・軍事の顧問とすること、警察・兵器工場の共同管理、鉄道敷設と布教権の要求、などを内容とし、中国の主権を大はばに侵害したものであった。この要求書には軍事的強迫を示唆《しさ》した戦艦と機関銃との透《すか》しのはいった紙が使われていたともいわれ、五月七日には最後通告によって袁世凱《えんせいがい》に承諾《しょうだく》させた。この条約の秘密交渉では要求承認の交換条件に袁世凱《えんせいがい》が帝位につくことを日本が支持することがほのめかされたという。

袁世凱《えんせいがい》はこの問題を独裁強化に役立てようとして、一方では中国の危機を強調し、挙国一致を主張して反対派をおさえるとともに、承認後には外交の成功を宣伝して祝賀会や提燈《ちょうちん》行列を行なって民心をあざむこうとした。しかし、民衆は日本が最後通告を発した五月七日と承諾した五月九日を「国恥記念日」として二一か条条約反対の運動をつづけた。袁世凱《えんせいがい》が挙国一致ムードをかきたてていたころ、アメリカ人グッドノーは

「国民の知的水準が低い国で共和制をうちたてることはもっともむずかしい。中国が君主制を採用すれば共和制よりよい結果を生むだろうことは疑いない」などと帝制復活を奨励した。袁世凱《えんせいがい》の策謀によって中国国内でも帝制復活論と世論とがつくりだされた。閻錫山《えんしゃくざん》ら一四省の省長官も帝制請願を行ない、また各種団体が同じ趣旨の請願を提出した。なかには芸者《げいしゃ》請願団・人力車夫請願団・乞食《こじき》請願団などもまじっていた。魯迅《ろじん》の弟の周作人《しゅうさくじん》は当時の情勢を「袁世凱《えんせいがい》が帝制復活を計画していたころ、袁《えん》の秘密警察はほんとうに恐ろしく、その手につかまって姿を消した人の数はかぞえきれないくらいである。帝制に反対したり不服をいわぬかと北京の役人はみんな鵜《う》の目鷹《たか》の目で監視された」と恐怖政治の体験を書いている。このような帝制復活ムードのなかで国民代表大会は袁世凱《えんせいがい》の皇帝就任を決定し、一九一六年元日に即位することを布告した。しかし、梁啓超《りょうけいちょう》などのよびかけで雲南《ユンナン》省が帝制反対をかかげて蜂起し、八省がこれに呼応した。日本はじめ列強も中国の内部混乱をおそれて帝制中止を勧告した。袁世凱《えんせいがい》は三月に帝制取り消しを声明し、まもなく死亡した。ついで黎元洪《れいげんこう》が大総統となって南京《ナンキン》政府時代の臨時憲法と国会とを回復したので、帝制反対の政治闘争は一段落した。

　日本にいた孫文は、「辛亥《しんがい》革命のことを考えあわせてみると、袁世凱《えんせいがい》をたおせば成功であると思うのは、むかし満州王朝をたおせば成功だと考えていたのと同じである。ほんとうの民主政党でなければ共和制の維持、民国の振興を保障することはできない。旧官僚が政権の座につくことは第二、第三の袁世凱《えんせいがい》が出現することである」と、四月に手紙で書いて、黎元洪《れいげんこう》の大総統就任を警戒した。かれは辛亥《しんがい》革命と帝制問題との反省から、強力な民主的議会政党を育成することが重要だと気づいたのである。国内での政党づくりを急務と考えた孫文は、四月末には上海《シャンハイ》に帰り、中華革命党の本部も上海《シャンハイ》に移して立憲議会政治をかためる啓蒙的な仕事にしたがった。一年あまりの上海《シャンハイ》滞在中に、『民権初歩』(建国方略第三部)・『中国存亡問題』の二著を出版した。『民権初歩』は民権は会議の正常な運営によって保障されるという考え方から、会議の運営技術をくわしく解説したものであり、『中国存亡問題』は第一次世界大戦にたいして中国は「中立的態度を保持して経済的発展をはかる」べきであると主張し、段祺瑞《だんきずい》政府の参戦政策に反対を表わしたものである。

## 国会擁護運動

中国の統一と立憲議会政治を妨げる勢力は袁世凱《えんせいがい》だけではなく、辛亥《しんがい》革命いご各地に形成されていた大小の地方軍閥《ばつ》もまた袁世凱《えんせいがい》と本質的にかわらない反民主主義勢力であった。かれらは軍事力を背景にして地方に割拠し、勢力地盤内では封建的な専制支配を行なうとともに、それぞれ外国勢力と結びつき、中央政府の政権をねらい、また地盤の拡張をめざして勢力争いをくりかえした。かれらは帝国主義と封建主義との政治的代表者であった。

一九一六年八月に回復した立憲議会制は一年後には段祺瑞《だんきずい》によって破壊され、さらには清《しん》朝皇帝の復位へと悪化した。段祺瑞《だんきずい》は日本の寺内《てらうち》内閣の積極的な援助をえて日本の中国侵略の手先となった。かれは経済開発を名目とした三四件、総額二億六千万円にのぼる借款を日本からうけて反対勢力を鎮圧する財源とし、また、日本政府との間で満州・モンゴルにおける日本の軍事的な特権と、中国軍内に日本の軍事指導を強める

大元帥服姿の孫文

権限とを約束した秘密軍事協定を結んだ。孫文は段祺瑞《だんきずい》の政策に反対し、国会と、国会が議決した法律をまもるよう全国によびかけた。段祺瑞《だんきずい》の独裁に反対した一三〇人あまりの議員は広州《コワンチョウ》に移り、一九一七年一〇月、広東《カントン》・広西《カンシー》・雲南《ユンナン》の軍閥《ばつ》と連合して広東《カントン》軍政府（第一回）を樹立した。孫文は大元帥にむかえられたが、かれの地位は名目だけで立憲議会制擁護の旗印をかかげて段祺瑞《だんきずい》政府に反対している孫文らを軍閥《ばつ》が利用したものにすぎなかった。このことに気がついた孫文は一九一八年五月に上海《シャンハイ》へ去った。

こののち一九二〇年末までの二年半ばかりの間、孫文は上海《シャンハイ》に住んで著述に専念し、党再建の構想をねった。かれは、広東《カントン》軍政府を去ったのは「国会擁護の望みがないので軍政府を離脱し、自由行動をとって根本的な救国の方法を考えたいからだ」と表明しているが、このような考えで『孫文学説』（建国方略第一部）・『実業計画』（建国方略第二部）を書いて発表し、立憲議会政治の理論化と啓蒙との活動を行なった。また、一九一九年夏からは『建設雑誌』や『星期評論』の発行をはじめた。この年一〇月には中華革命党を中国国民党とあらためた。この党の方針や組織は中華革命党とかわりはなく、ただ「現在われわれが国内に立脚し、国内で党務を進める」条件ができたので、秘密政党であった中華革命党を公開の政党に衣《ころも》がえしたにすぎない。孫文は合法的な政党活動を通じて立憲議会制度を実現しようとしたのである。

## 停滞・破綻《はたん》

この時期は、孫文が生涯のうちでいちばん著述に専念し、思想をまとめた時期であった。かれは、辛亥《しんがい》革命によって立憲議会政治が確立しなかったのは党員および国民がかれの三民主義を理解していなかったことが原因だと考え、『孫文学説』の中で「知難行易」（真理を知ることはむずかしいが、行動することはやさしい）という主張を強調して、三民主義の政治思想をしっかり勉強するように説いた。また、この時期の三民主義の中心眼目であった民権主義（＝立憲議会主義）を解説するために『民権初歩』をあらわした。『実業計画』はかれが究極の目的とした近代産業開発プランの青写真であった。

しかし、かれが思索を深め、精力的に著述を発表したにもかかわらず、これらは辛亥《しんがい》革命期の三民主義思想をくわしくしたものにすぎず、列強と結びついた軍閥《ばつ》が地盤を争って対立と内戦をくりかえしていた国内政治の現状、第一次世界大戦をきっかけに民族資本主義が発展した結果つくりだされた産業界の新しい情勢、若い知識人のあいだに抬頭《たいとう》してきた新思想とナショナリズム、など激しく動いていた当時の時代にたいして、ほとんど現実的意味をもたず、時代をリードする革新性にかけていた。かれの思想と活動とは時代の進歩におくれ、停滞と混迷におちいっていた。

かれは、軍閥《ばつ》が地盤拡張をめざして混戦をくりかえしていたとき、国内平和を維持するためには立憲議会制を回復することが重要だとして、これを軍閥《ばつ》に説教し、『民権初歩』をあらわして議会運営のルールを解説した。このような提案は軍閥《ばっ》の割拠《かっきょ》・混戦を解決するうえでなんの効果をも生まなかった。かれ自身も一九二〇年末には軍閥陳烱明《ばっちんけいめい》と連合して第二回広東《カントン》軍政府をたてたが、すぐに陳烱明《ちんけいめい》にうらぎられて首に二〇万元の償金をかけられて逃亡せざるをえなかった。

かれは「中国がほろぶか発展するかの鍵は実業発展の一事にある」と意気ごんでくわしい『実業計画』を作成し、鉄道・運河・河川・港湾など交通運輸機関の開発、水力の開発、製鉄所・セメント工場の建設、鉱山の開発、植林、辺地への移民と開拓などのぼう大なプランを発表したが、これは外国から資本・資材・技術を導入して中国の共同開発をはかろうとするものであり、英文で発表して外国知名人に配布した。かれは、中国の豊富な資源と労働力を開発して中国の国富を増大しようと考えたのであるけれども、この計画がもし実施されたならば、豊富な資源と労働力とが外国資本に収奪されて中国経済の植民地化がいっそう進行したであろう。民族資本家や若い知識人は外国資本が中国経済の発展をさまたげていることに気がつき、民族的抵抗を示していた。かれらは日本との二一か条条約に反対し、つづいて五四運動に結集していった。ところが、孫文は一九一七年に発表した『中国存亡問題』において、二一か条条約は「袁世凱《えんせいがい》が日本に提出させ、自分の帝位就任の交換条件にしたもので、日本が自発的に中国に強制したものではない」とのべて、日本を弁護するとともに、日本と中国との密接な協力が必要であると主張した。

このころマルクス主義者李大釗《りたいしょう》（一八八九〜一九二七）は「われわれの東方にも大アジア主義、大日本主義などの言葉があらわれた。これら大なになに主義こそ専制の隠語であり、自分の武力にたよって他人を蹂躙《じゅうりん》するものである」とのべて、日本帝国主義の侵略主義を批判した。中国の情勢は急激に変化した。孫文がいだいていた欧米風の立憲議会主義の思想はもう古くさくなって指導性をもたなくなり、新しく、欧米資本主義思想と、資本主義経済制度とを批判し、資本主義列強と対決する思想と運動とが中国の近代的変革を推進する力として生れてきた。孫文とその思想が歴史を動かすことができるかどうか、枯《こ》死するか蘇生《そせい》するかの鍵《かぎ》は、孫文がこのような新しい時代を認識して思想変革をとげるかどうかというところにあった。

# 独立と民主主義を求めて

## デモと革命

孫文の思想が停滞し、活動もまた革新的意味を失って、列強からも国民からも忘れさられていたとき、かれの思想と活動とは無関係なところで中国革命の新しい胎動《たいどう》がはじまった。それは国際的には一九一七年のロシア革命であり、国内的には民族資本の発達、それを背景とした一九一五年からはじまった新文化運動と民族主義運動、および、それら運動の最高潮を示した五四運動である。

第一次世界大戦はレーニンが「奴隷制度をかためるための奴隷所有者たちの戦争であった」といったように帝国主義諸国による世界再分割のための「きたない戦争」であったが、この戦争は「自由」と「民主主義」のスローガンをかかげていた。だから、日本でもこの戦争の前後に「大正デモクラシー」とよばれている自由な雰囲気が生みだされたが、中国でも一九一五年いご思想の解放期をむかえた。李大釗《りたいしょう》・陳独秀《ちんどくしゅう》（一八七九〜一九四二）・胡適《こてき》（一八九一〜一九六二）ら新進の思想家が「デモクラシーとサイエンス」をスローガンとして機関誌『新青年』を発行し、啓蒙活動を展開して若い知識人をひきつけた。かれらは、伝統的な儒教思想や封建的な文化にたいして徹底的な批判をなげつけて本格的な近代思想をひろめただけでなく、ロシア革命後にはマルクス主義の紹介・宣伝をも行なうようになった。

愛国運動ポスター

毛沢東《もうたくとう》（一八九三〜）が湖南《フーナン》で新民学会をつくり、周恩来《しゅうおんらい》（一八九八〜）が天津《テンチン》で覚悟《かくご》社をつくって、革新的な活動をはじめたのもこの時期である。

思想運動とならんで日本帝国主義の中国侵略に反対する民族主義運動もおこった。その中心となったのは、やはり若い知識人であった。一九一五年、日本が袁世凱《えんせいがい》と二一か条条約を結んだとき、留日学生を中心として反対運動がおこり、これには民族資本家階級も参加して、かれらの指導のもとで大規模な日本商品ボイコット運動が展開した。

ついで一九一八年に段祺瑞《だんきずい》政府が日中軍事協定を締結したときにも、留日学生が反対の叫びをあげ、いっせいに帰国して国民に訴えた。これに呼応して北京《ペキン》の学生は抗議デモを行ない、学生救国会を組織して反対運動を行なった。

第一次世界大戦後のパリ講和会議にたいして中国は二一か条条約の取り消し、外国軍隊の撤退、領事裁判権の廃止などの要求を提出した。この会議でアメリカ大統領ウィルソンが平和一四原則を提唱して「弱少民族の援助」や「民族自決」を強調していたので、中国の国民は要求が満たされることを期待していた。しかし、それは幻想であった。中国の要求がすべて拒否されたニュースは民衆を激昂《げきこう》させた。一九一九年五月四日の早朝、北京《ペキン》の学生約五〇〇〇人が天安門《テンアン》前に集まって抗議デモを行なった。かれらは「主権をとりかえし、売国奴《ど》をやっつけろ」「山東《シャントン》の利権を回収せよ」「二十一か条条約を廃棄せよ」「パリ講和条約の調印を拒否せよ」などのスローガンをかかげた。ここに五四運動がはじまった。この学生デモは武装警官によって弾圧をうけたが、学生は弾圧に屈せず、つづいて北京《ペキン》・天津《テンチン》・武漢《ウーハン》・上海《シャンハイ》・広州《コワンチョウ》などの学生もストライキにはいり、愛国運動は全国にひろまった。上海《シャンハイ》では六月はじめには商工業者や労働者も運動に参加し、商店・工場は営業を停止し、日本人経営の紡績工場や鉄道労働者などはストライキにはいった。全国的にうずまいていた抗議のデモと集会、市民大会とストライキの波のなかで、日本商品ボイコット運動も燃《も》えあがった。五月九日、北京で行なわれた「日本商品やきすて大会」を目撃した一日本人宣教師はつぎのように書いている。「正午ごろまでになん十台もの大八車《だいはちぐるま》や人力車で日本商品がはこばれて、石油がかけられ、マッチがすられた。赤い焔《ほのお》がたったかとおもうとすさまじい音がきこえ、火の粉《こ》がたちのぼった。新聞記者らしい青年が和服・はかま・書物を火の中へなげいれ『日本留学時代の衣服と書物を火葬にするのだ』とさけんだ。自転車にのってきていた一中学生は『この自転車も日本製だ』と気づいて自転車を火のなかに投げこんだ」と。

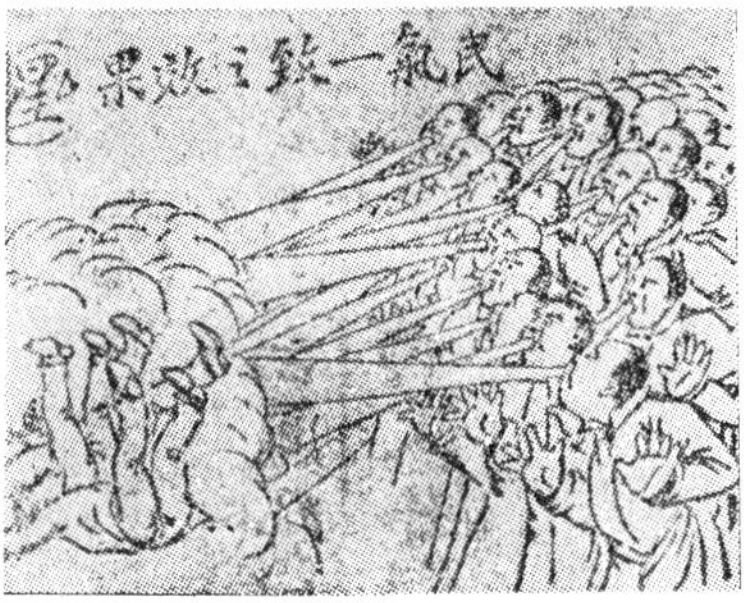

五四運動の勝利をたたえた漫画

北京《ペキン》政府はついに逮捕した学生を釈放し、親日要人を免職にし、パリ講和条約の調印を拒否した。約一か月にわたった五四運動は勝利のうちにおわった。

　五四運動は、㈠中国における民主主義革命の二大任務である帝国主義反対と軍閥《ばつ》打倒との政治スローガンを提出したこと、㈡学生・労働者・民族資本家（商工業者）・一般市民など諸階層が一致して統一行動をとったこと、㈢しかも、かれらは武器をとらず、デモ・集会・請願など大衆的な運動を展開して団結と大衆行動との威力を示したこと、これらの諸点で中国革命史上で画期的な意義をもつものであった。このような思想は孫文にはまったくかけていた。かれは帝国主義・軍閥《ばつ》を敵として考えなかったし、かれの活動方式は少数の自覚した同志が武装蜂起して政権を奪取するという幕末の志士たちのような「エリート革命」方式であった。

## 静かなる脱皮

　五四運動のとき孫文は上海《シャンハイ》にいたが、運動には関係しなかった。しかし、かれがまだ議会主義の政治思想から脱《ぬ》けでていなかったにもかかわらず、五四運動の経験に感銘をうけて思想転換がはじまった。それは二つの面であらわれた。その第一は、大衆を統一行動の形で団結したすばらしい力を知って、かれの変革運動の進め方に根本的な反省を加えるきっかけとなったことである。五四運動の直後、かれは上海《シャンハイ》の学生団体の集会で講演し「今回の学生運動は短期間のうちに絶大な成果をおさめた。このことからも団結の力がいかに大きいかがわかる」と卒直に感想をのべ、民族の危機を救うために団結することを訴えた。その後、海外にいた同志への手紙でも五四運動を高く評価して「わが党が革命の成功をおさめるには、かならず思想の変革に頼るべきである」と書いた。さらに一九二一年一一月には、革命党の真の力は武力ではなくして、主義・真理・道徳の力であり、すべての民衆を党員に獲得しなければならないと説いた。孫文は、いままで武装蜂起や軍閥《ばつ》の武力にばかり頼って、革命勢力としての民衆を無視していた運動方針に反省を加え、民衆と密着し、民衆の団結した力にたよった国民的な変革運動方針に転換しはじめた。また、一九二一年一月には「国会擁護ではけっして根本問題を解決することはできない」とのべ、辛亥《しんがい》革命後の活動方針を再検討しはじめた。

第二は、辛亥《しんがい》革命後影がうすくなっていた民族主義思想が頭をもちあげ、しかも、辛亥《しんがい》革命期のそれとはちがった内容をもちはじめたことである。孫文は革命活動にはいった当初から、ヨーロッパとアジアとを対比して考え、アジア諸民族の提携、ことに日本との協力を熱望してきた。袁世凱《えんせいがい》が二一か条条約を締結したときも、この考えはかわらず、かれは、その責任を袁世凱に負わせて日本の侵略的意図を追求せず、かえって日本との提携を強調した。ところが、その直後、日本が孫文の政敵であった段祺瑞《だんきずい》に借款などで援助したのに反感をいだき、五四運動を契機にして日本の対中国政策にたいする批判を公然と口にするようになった。一九二〇年八月、アメリカ議員団にむかって講演した「中国問題の解決方法」では、「二一か条条約と軍事協定とは、日本が中国をしばった鉄の鎖《くさり》である。われわれ革命党は最後の一人までこの条約の廃棄に全力をつくすものである。中国の大混乱は実にこの条約によってつくりだされたものであり、これを廃止すれば中国の統一はすぐ実現できる」とのべた。同じころ、かれは別の機会に租界の治外法権は中国人を圧迫するものだから撤廃しなければならないとものべている。

孫文は、日本の対中国政策の事実のなかから日本帝国主義の侵略的本質に気づきはじめた。ここで民族主義思想が帝国主義の侵略に反対するという新しい内容をもって孫文思想によみがえってきた。一九二一年六月の「三民主義の具体的実施方法」と題する講演では三民主義をあらためて強調し、民族自決論を内容とした民族主義思想を提起した。そして、翌年一月の講演「軍人の精神教育」においては、「辛亥《しんがい》革命後においては、清《しん》朝はたおれたが、失った国家主権と土地とは諸外国の手中にあって、まだ回収されていない。国家主権についていえば、税関は外国の手ににぎられ、条約によって束縛をうけ、領事裁判権はまだ廃止されていない。土地についていえば、威海衛《ウエイハイウエイ》はイギリスの手に、旅順《リユイシユン》は日本の手にわたった。青島《チンタオ》（山東《シヤントン》省）はドイツの手にはいったのち大戦後は日本に支配されている。これらの現象を見れば、中華民国はもともと完全な独立国ではない。われわれが、もし救国を任務とするならば、だんこととして民族主義を堅持して失われた土地と国家主権との回収を実行すべきである」と指摘した。孫文が帝国主義について確固とした認識をもつまでには、まだかなり時間が必要であった。しかし、半植民地の状態にあった中国においては帝国主義に反対するかどうかが革命的か反革命的かのわかれ道であった。孫文は体験を通じて、また五四運動から教訓をえて、革命的な精神を回復しつつあった。

### ロシア革命への共感

一九一七年のロシア革命によって地球の六分の一の地域に社会主義の国が生まれたことは人類史上画期的な事件であった。帝国主義列強はこれを敵視し、ソ連封じこめ政策に共同してのりだした。日本も一万人以上の軍隊を動員してシベリアに出兵した。しかし、中国の民衆はロシア革命にたいして好感をいだいた。

孫文は一八九六年にロンドンで亡命ロシア人に会ったということであるが、その後どの程度ロシアの革命運動に関心をもっていたかはわからない。しかし、ロシア革命には敏感な反応を示した。はやくも二月革命のすぐのちに「ロシアの政変が世界の一大事件であることは人びとのみな知るところである。ロシアが専制を変じて共和としたのは、すべて中国の影響によるものだ」とのべ、ロシアの帝制が倒壊して共和制になったことに共感をよせた。翌年春に日本およびインドのジャーナリストと会見した孫文は、アジア諸国がソ連を承認し、これらの国の新聞・雑誌が十月革命の成果を宣伝するようのべ、そのすぐのちにはレーニンに革命成功を祝う電報を送り、「中国革命党は貴国の革命政党が行なっている苦闘にたいして心から敬意を表するとともに、中国とロシアの革命政党が共同闘争のため連合することを期待する」とのべた。ソ連政府もまた孫文の革命活動にたいし尊敬を表明した返書をおくった。上海《シャンハイ》で出版していた孫文ら中華革命党の機関紙『民国日報』はソ連の実情を紹介する記事をのせはじめた。何《か》香凝《こうぎょう》女史は当時のことを思いおこして「十月革命についての知らせは警鐘《けいしょう》のように世界の被圧迫人民をめざめさせた。孫文はロシアに学ぶことなくしては中国革命がけっして成功しないという確信をしだいに深めていった」とのべ、孫文が党員をソ連へ派遣して勉強させようとしてかの女の夫廖《りょう》仲《ちゅう》愷《がい》などにロシア語を勉強させたといっている。

孫文がレーニンに祝電を送ったころの『民国日報』は「ロシア新政府は、資本主義独占体と官僚の横暴を一掃することに注意を集中した。一方、植民地にかんする問題においては、同政府は不干渉の原則から出発して抑圧政策に反対している」と書き、十月革命の本質をはっきりととらえていた。同年一〇月の『新青年』誌上には李大釗《りたいしょう》の論文「庶民の勝利」「ボルシェヴィズムの勝利」が掲載され、学生など進歩的思想界にもロシア革命への理解が深まった。孫文の対ソ理解は裏切られなかった。ソ連政府は一九一九年七月、「カラハン宣言」を発表して、利権の返還、義和団賠償金の放棄、領事裁判権その他の特権の破棄など、中国とのすべての不平等条約を一方的に廃棄すると声明した。このことは中国国民に大きな反響をまきおこした。多くの団体が感謝電報を送り、保守系の新聞も感謝と歓迎の論説をかかげた。

一九二〇年のコミンテルン第二回大会はレーニンの指導のもとに「民族・植民地問題にかんするテーゼ」を決定し、ソ連とコミンテルンは植民地および半植民地における民族解放運動を援助すること、そのためにブルジョア民主主義政党と協力するという基本方針を確認した。そしてコミンテルンは中国に重大な関心をよせた。この年の一〇月、孫文はソ連の友人と個人的に接触し、軍隊教育・政治組織について学びたいと書き送ったが、それにこたえるかのように年末にはコミンテルン代表ヴォイチンスキーが孫文をおとずれた。かれはヴォイチンスキーを質問ぜめにして困らせ、ソ連の実情を知りたいからウラジオストクに強力な放送局を建設してほしいとさえ希望した。ヴォイチンスキーはこの時、中国共産党の結成準備を行ない、上海《シャンハイ》では陳独秀《ちんどくしゅう》・劉少奇《りゅうしょうき》（一八九八〜）らが、北京《ペキン》では李大釗《りたいしょう》らが、広州《コワンチョウ》では陳独秀《ちんどくしゅう》らが共産主義者グループをつくり、機関紙を発行して宣伝と組織化とにのりだした。このころから『共産党宣言』やマルクスの『賃労働と資本』やレーニンの『国家と革命』などの書物も中国語訳されてマルクス主義思想がひろまった。

一九二一年になると、レーニンの秘書マーリンが中国をおとずれた。かれは、当時もっとも実力をもっていた軍閥《ばつ》呉《ご》佩孚《はいふ》とあったのち、第二回広東《カントン》軍政府の大元帥として広東《カントン》にいた孫文と会見した。

この会談で、孫文はロシア革命の戦術について感銘をうけ、またソ連の新経済政策がかれの『実業計画』によくにていることに興味をおぼえた。マーリンは帰国して「信念と政見をもっているのは孫文だけであり、中国でただ一つの将来性のある政党は孫文がひきいる国民党だけである。呉佩孚《ごはいふ》は最大の軍事的勢力の持主ではあるが、政治論についてはなにも知らない」と報告した。ここにおいて、孫文とソ連および中国共産党との協力関係が具体的な形ですすみはじめるのである。一九二二年初めに行なった講演「軍人の精神教育」において、孫文はソ連について語り「いわゆる労農政府とは農民・労働者・兵士の政府であり、農民・労働者・兵士を組織してつくられた政府である。この新政府は、たんに君主専制をくつがえしただけでなく、資本家専制の打破をも実行した」とソ連政府の基本的性格を正しく把握し、社会主義が孫文の民生主義と共通した内容をもっているとして思想的にも共鳴した。

## 赤い新生児

毛沢東《もうたくとう》が「十月革命の砲声がわれわれにマルクス＝レーニン主義をおくりとどけてくれた」といっているように、ロシア革命をきっかけに中国へ流れこみはじめた共産主義思想は五四運動をへて中国の土壌にしっかりと根をはりはじめた。李大釗《りたいしょう》や陳独秀《ちんどくしゅう》らが雑誌『新青年』で紹介したマルクス主義は多くの進歩的な知識人の間に共鳴者を見いだした。かれらは各地で小グループをつくって研究と宣伝につとめ、同時に労働者にたいして啓蒙活動を行なった。北京《ペキン》や上海《シャンハイ》では労働補習学校を開設して労働者を教育した。湖南《フーナン》省では毛沢東《もうたくとう》が五四運動のとき同志といっしょに雑誌を発行して活動したが、その後は労働者のための夜間学校を開いたり研究サークルをつくって、マルクス主義の研究と宣伝を行なった。この時、かれは雑誌に「民衆の大連合」という論文を発表して、マルクス主義とロシア革命とを紹介するとともに、ロシア革命のように労働者・農民など勤労人民が団結すれば、帝国主義と封建勢力をうちたおして民族を解放することができると論じて注目をあびた。

一九二一年七月、各地の共産主義者グループの代表者が上海《シャンハイ》に集まって、中国共産党の創立大会を開いた。大会には湖南《フーナン》・湖北《フーペイ》・山東《シャントン》・広東《カントン》・上海《シャンハイ》・北京《ペキン》などからの代表者一二名が出席した。毛沢東《もうたくとう》は湖南《フーナン》省の代表として参加していた。この大会で、中国の革命は社会主義革命ではなくしてブルジョア民主主義革命であるという基本任務を確認し、さしあたり労働者のあいだの活動に全力をそそぐことをきめて、その指導機関として「中国労働組合書記部」を設置した。当時の党員はわずかに五七名であったが、中国共産党の成立は中国の新しい夜明けを告げるものであった。

中共は、翌年には第二回大会（党員数一二三名）をひらき宣言を発表した。宣言では「軍閥《ばつ》と国際帝国主義の抑圧を打倒しなかったならば、真に統一された民族主義国家と国内の平和を樹立することは永久に成功しないだろう」とのべて軍閥《ばつ》打倒、帝国主義の侵略反対のスローガンをかかげ、主権在民と基本的人権を基礎とした民主主義共和国を建設する目標をはっきりとうちだした。中国共産党によってはじめて真の、全面的な民主主義革命の政治方針が提出されたのである。

五四運動と中共の成立いご、労働者のあいだに自覚と団結の意識がみなぎってきた。一九二〇年には上海《シャンハイ》の労働者がはじめてのメーデーを挙行し、翌年には北京《ペキン》郊外の鉄道労働者がメーデーの集会をひらき組合を結成した。この年の秋ごろいご、全国各地で自然発生的な労働争議や、中共党員が指導したストライキがつぎつぎとおこり、労働運動の大潮流がわきおこった。一九二二年一月にはじまった香港《ホンコン》での中国人船員の賃上げ争議には、船員二万人がストライキに参加し、それに同情した運輸労働者三万人もストライキにはいって、香港《ホンコン》経済がまったく麻痺《まひ》した。京漢《けいかん》鉄道（北京《ペキン》・漢口《ハンカオ》間）の労働者は応援資金をあつめ、また機関車の前に「香港《ホンコン》の船員を援助せよ」と大書したポスターをはって列車をはしらせた。船員は八週間にわたって争議をつづけ、ついに賃上げと組合結成の自由とをかちとった。湖南《フーナン》省の安源《あんげん》炭鉱では毛沢東《もうたくとう》・劉少奇《りゅうしょうき》などの指導で労働争議が行なわれ、二万人の労働者がストライキに入り、ついに賃金値上げをかくとくした。北方では、イギリス資本が経営していた開灤《かいらん》炭鉱や京奉《けいほう》鉄道（北京《ペキン》・瀋陽《シェンヤン》間）の労働者が二〇日間のストライキを行なった。一九二三年二月、京漢《けいかん》鉄道の労働者が組合結成大会を開いたとき、華北で実権をにぎっていた軍

安源炭鉱のストライキ（歴史画）

閥呉《ばっこ》佩孚《はいふ》が軍隊を出動させて大弾圧を行なった。組合はストライキで対抗したが、多数の労働者が殺されて弾圧されてしまった。

香港《ホンコン》の船員のストライキから京漢《けいかん》鉄道ストライキまでの一三か月に、大小のストライキは一〇〇回以上、参加人員は三〇万人をこえた。かれらは賃金値上げと組合結成・人権保障を要求して争議をおこしたのである。この間一九二二年五月には広州《コワンチョウ》で第一回全国労働大会が中共の提唱によって開かれ、全国一〇〇以上の労働組合（組合員二七万）を代表する一六二名の代表者が集まり、労働組合の全国組織をつくることを決議した。つづいて八月には中共が労働法の制定をよびかけ、各地で国会への立法請願運動がくりひろげられた。

労働運動の発展とならんで農民もまた活発な動きをみせはじめた。農民組合運動は一九二一年、広東《カントン》省ではじまった。指導に当たったのは、早稲田《わせだ》大学出身の共産党員彭湃《ほうはい》（一八九六〜一九二九）で、かれは郷里の農村で組合を組織しはじめ、二年後には組合員一〇万人を擁する大きな農民組合を組織した。そして、一九二五年には二〇万人の組合員を擁して広東《カントン》省農民組合連合会に発展するのである。同じような動きは、広東《カントン》より少しおくれて、湖南《フーナン》や湖北《フーペイ》でもおこった。

## 苦悶《くもん》からの脱出

一九二二年一〇月、北京《ペキン》の有識者が辛亥《しんがい》革命一〇周年の記念会をもよおした。ところが、清《しん》朝を倒すうえでいちばんの功労者であった孫文の名前をこの会場で聞くことができなかった。中共によって新しい革命方針がうちだされ、その指導のもとで労働者・農民が政治舞台に登場してきた新情勢があらわれた現在、国会擁護という古びた旗じるしをかかげて、軍閥《ばつ》といっしょになって広東《カントン》地方を根拠地に活動をつづけていた孫文は、国民の眼からみれば影のうすいものとなっていた。

しかし、ロシア十月革命と五四運動とによってひきおこされた内外の新情勢にたいして敏感に反応した孫文の内面では新しい政治思想が育ちつつあった。そして一九二三年には重大な転機があらわれた。一九二〇年の末に、孫文は広東《カントン》省の軍閥陳烱明《ばっちんけいめい》と協力して広東《カントン》軍政府を再興した。一年あまりのち、一九二二年一月には香港《ホンコン》の船員ストライキがおきた。軍政府と国民党とは積極的に船員労働者を支持し、五〇余万元の資金援助をしたり、広州《コワンチョウ》市内の学校などは船員に宿舎を提供した。ストライキが勝利をもって終わったのち、広州《コワンチョウ》では第一回全国労働大会や社会主義青年団第一回全国大会が開かれ、広東《カントン》は革新的な新潮流の根拠地となった。そして六月には、孫文が軍閥《ばつ》に見切りをつけ、いままでの国会擁護運動を清算する決心を固めさせる事件がおこった。それは協力していた陳烱明《ちんけいめい》がクーデターをおこして孫文を「帽子をぬぎすてるように」すてたことである。孫文はかろうじて広州《コワンチョウ》湾上の軍艦に逃げこみ、二か月のあいだ軍艦ですごしたのち、八月になって上海《シャンハイ》に移った。かれは真夏の南海に浮ぶ軍艦にいて一日中読書にふけっていたそうである。この事件は孫文にひどいショックを与えた。かれは、上海《シャンハイ》へ脱出した直後、「わたしは、もう三〇年間も同志を率いて民国のために奮闘しつづけ、その間、生死のあいだを走りまわって失敗もたくさんした。けれども、こんどの事件ほどひどい目にあったことはない」とのべている。

「孫文は絶望のうちにあって十月革命と中国共産党にであった」と毛沢東《もうたくとう》は書いている。絶望にうちひしがれて上海《シャンハイ》に帰った孫文のまわりには、軍閥《ばつ》にかわって中国共産党という支持者がいて、孫文の内面で育っていた革命的な精神が太陽のもとに生まれでることを援助してくれた。一九二二年一月のコミンテルン極東民族大会の決議にしたがって、中共は六月に発表した「第一回時局声明」において国民党と連合戦線をつくる方針を公表した。この声明のおわりにはつぎのようにのべている。「中国共産党の方針は、国民党などの革命的民主派および革命的社会主義諸団体を招請して合同会議を開き、共同して民主主義的な連合戦線をつくりあげ、封建的な軍閥《ばつ》にたいして戦かおうとするものである。このような連合戦争こそわれわれ中国人民を列強と軍閥《ばつ》との二重の圧迫から解放する戦争であり、中国にとって必要な、まぬがれることのできない戦争である」と。つづいて八月の中央委員会では共産党員が国民党に加入することをきめて、有力メンバーが国民党に入党し、国民党の体質改善をはかった。同時に、国民党が、外国に国民革命を援助してもらおうという考えをもっていること、および、全力を軍事行動に集中して民衆にたいする宣伝をおろそかにしている点、などの欠点を批判して、政治思想を転換さすようはたらきかけた。

孫文はロシア革命の教訓に学び、中共党員の助力をえて、国民党を大衆的な政党に改善し、正しい運動方針をうちたてるために、精力的な努力をつづけた。早くも九月からは中共の書記長陳独秀《ちんどくしゅう》らも加えて国民党の組織改革を検討しはじめ、一一月には新しい政治方針の大綱を発表し、年内には組織改革宣言・政治方針・規約を起草して、国民党の根本的な改革を準備した。

## 国民党の改革

一九二三年一月一日、国民党は宣言を発表して画期的な政治方針の骨子を示すとともに、翌日には綱領と規約を宣布した。国民党宣言では㈠中国が不平等条約のもとで列国の植民地になっている現状を指摘して、民族の団結と国際的な平等を実現しなければならないこと（民族主義）、㈡普通選挙の実施と基本的人権の保障（民権主義）、㈢土地税の改革、近代企業の国有化、労働者の待遇改善、小作制度の改善など（民生主義）をかかげ、新しい三民主義の構想を提出して、政策転換の第一歩をふみだした。ついで孫文はソ連の特使ヨッフェと共同声明を発表し、ソ連との密接な協力関係の樹立を内外に公表した。このころ、孫文は一参議院議員との会談で「人民は表面上では無力なようであるが、なにかの問題についてこうだと思いこむと、その実力はおどろくほど偉大であり、銃砲のいく十倍、いく百倍の力を発揮する。人民にはストライキの力と、商工業閉鎖の力と、納税に反対する力と、代表をとりかえる力とがあるからである」とのべているが、孫文の新三民主義思想の根底には、労働者・農民など一般勤労大衆への信頼があり、かれらの団結力への無限の期待があった。かれは、このような大衆こそが中国革命のほんとうの底力だと気づいたのであり、ソ連や中共との提携も、このような考え方からでたものであった。

孫文は三月に広州《コワンチョウ》へゆき、三たび広東《カントン》軍政府を樹立した。このたびの広東《カントン》軍政府は、いままで二回うちたてた軍政府とは根本的にちがっていた。もはや軍閥《ばつ》とははっきりと手をきり、帝国主義の中国侵略反対、封建軍閥《ばつ》の打倒の二つのスローガンのもとに、国民党と共産党との提携を軸にして国民革命を遂行する根拠地であった。孫文は熱海《あたみ》に療養にいったヨッフェにもっとも信頼していた同志廖仲愷《りょうちゅうがい》を同行させてロシア革命の経験とロシアの現状についてくわしく勉強させた。廖仲愷《りょうちゅうがい》は三月に広東《カントン》にかえり、広東《カントン》省長に就任して根拠地としての広東《カントン》省の政治をかためた、また中共との協力関係をも強めた。ソ連の赤軍についての報告を廖《りょう》仲愷《ちゅうがい》からうけた孫文は、国民革命軍の建設が必要なことを痛感して、蔣介石《しょうかいせき》（一八八七〜）を団長として軍事視察団をモスクワに派遣してソ連の軍事組織を学ばせた。

第三回目の広東《カントン》軍政府を樹立する前後に、孫文は二度にわたって軍閥《ばつ》にたいして兵力を削減して国内平和を実現しようとよびかけた。このよびかけは軍閥《ばつ》の混戦で困っている民衆の平和要求にこたえ、また同時に軍閥《ばつ》の軍事力を削減するねらいをもっていた。しかし、全国では軍閥《ばつ》が勢力地盤を争って衝突をくりかえし、戦国時代のような分裂と混乱がやまなかった。戦争による破壊、兵隊の徴発、重税などで農民は生活を破壊されて、自発的に自衛手段をとるようになった。また、上海《シャンハイ》付近の資本家たちも商工業の不振にたえかねて、兵力削減や平和統一を要望する声を公然とあげて、軍閥《ばつ》混戦の現状を救う方法を求めるようになった。このようにして、農民・労働者・資本家などいろいろな階層の人びとが、軍閥《ばつ》に反対する国民党を支持する方向に動いてきた。そして、国民党はその国民的期待にこたえるべく、党の組織を再建、整備していたのである。

中共は六月の第三回全国代表大会で「みんなが国民党に結集して国民革命をすみやかに達成するよう希望する」と国民によびかけ、国民党との協力を確認し、㈠国民党が国民革命の中心であることをみとめ、国民党に加入する、㈡国民党を大衆政党にするために努力し、労働者・農民のあいだに国民党の勢力をひろげる、㈢国民党が組織を改革して国民的政党になることを希望する、という方針をきめて、ぞくぞくと国民党に入党して活動をはじめた。そして、一〇月には、コミンテルンから派遣されたボロジンなどが広州《コワンチョウ》にきた。ボロジンはケマル＝パシャの顧問としてトルコ革命を成功にみちびいた有能な指導者であった。

孫文をたずねたボロジンは、「共産党員をも含めて中国のすべての革命家が、国民党の旗のもとに、そしてまた、あなたの指揮のもとで、三民主義実現のために努力しなければならない」と強調し、国民党の組織を改善することがまず大切であると指摘した。孫文はボロジンなどを政治・軍事の顧問に任命し、ソ連および中共の革命戦術を採用して強力な国民革命を進めることを決心した。そして、その前提として国民党の根本的な組織改革を実行にうつした。

一一月の組織改革宣言がその第一歩であった。この宣言では、いままで十数年にわたる改革運動の失敗を率直に反省し、政治主張と組織と訓練をもった政治団体に国民党を建てなおすことを公表した。この宣言で孫文ははじめて公然と帝国主義の言葉をつかい、国民革命の敵が帝国主義と軍閥《ばつ》とであることを明言して、これら二つの敵にたいしてたたかう決意をのべた。

**国民党のうまれかわり**

孫文はおどろくべき熱意と精力とをもって国民党の再編成に着手し、組織改革・政治方針・宣言・国民政府組織法などの案をつくりあげ、一九二四年一月、歴史的な国民党第一回全国代表大会を開いた。

大会は一月二〇日から三〇日まで、広東《カントン》高等師範学校で開かれ、各省からの代表、海外華僑の代表、合計一六五人が出席した。二五日にはレーニンの死が報ぜられ、孫文は哀悼《あいとう》演説を行なって、哀悼《あいとう》の意をあらわすために三日間の休会を宣言した。演説で、孫文は「ロシアの革命は中国よりおそくおこったのに、中国よりはやく成功した。これは、まったくレーニンの努力と、かれがすぐれた理論と組織とをもっていたからである。肉体はなくなっても精神は生きている。レーニンの精神をうけついで中国革命のために奮闘しよう」とのべた。

大会での重要な決定事項の第一は、国民党の組織改革である。党規約はソ連共産党の組織を手本としており、その特徴は民主集中制にもとづく委員会制度を採用していること、細胞組織を採用していること、厳正な規律を要求していること、である。細胞組織について規約は「労働組合・クラブ・会社・商工業組合・学校・各種議会内において、本党党員は細胞を組織し、本党の勢力を拡大するとともに、その活動を指導しなければならない」とのべ、あらゆる社会団体内に国民党の勢力を浸透させようとした。

第二の重要決議は、ソ連との提携、中共との協力、労働者・農民への援助、という「三大政策」である。中共党員李大釗《りたいしょう》は、とくに声明を発表し、中共は国民党を共産党にかえようとするものではなくて、国民党の規約にしたがい国民革命を推進しようとするのだ、と中共の立場を表明した。大会宣言のなかで、労働者・農民への援助の問題についてその理由を明らかにし、国民革命は労働者・農民の参加によって勝利を保障されるのであるから、国民党は労働者・農民の運動を全力をあげて援助しなければならない、と指摘した。

第三の重要決議は、国民党の役員の選出である。大会は孫文を総理（党首）に選出し、中央執行委員二四名、同候補一七名などの役員を選出して中央委員を確立した。そのなかには毛沢東《もうたくとう》など中共党員がたくさん含まれており、主要なポストを占めた。

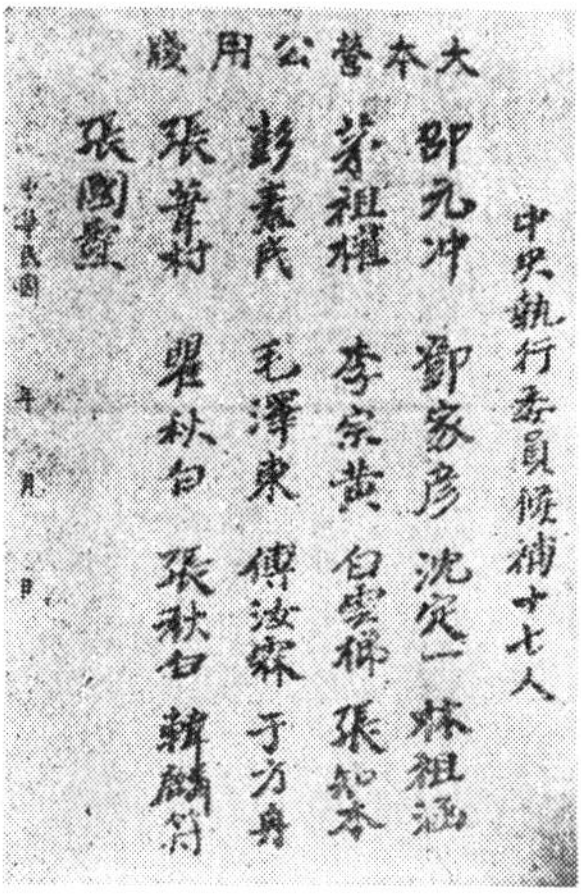
大本營公用牋
中央執行委員候補十七人
邵元冲　鄧家彥　沈定一　林祖涵
茅祖權　李宗黄　白雲梯　張知本
彭素民　毛澤東　傅汝霖　于方舟
張葦村　瞿秋白　張秋白　韓麟符
張國燾
中華民國　年　月　日

中央委員候補のメンバー表
（孫文自筆）

第四の重要決議は、革命軍を養成するために軍官学校の設立をきめたことである。軍事教育のためソ連から多くの将校を招くとともに、軍人の政治教育を重視して軍隊内に国民党の代表を参加させることとした。この軍官学校は蒋介石《しょうかいせき》を校長とし、周恩来《しゅうおんらい》を政治部主任として六月に開校した。

大会の最終日には、中国の現状、国民党の政治方針、国民党の政策の三章からなる長文の大会宣言を採択して、画期的な大会の幕をとじた。この宣言はボロジンが草案を書いたものといわれているが、その要点は㈠革命の敵は軍閥《ばつ》と、それとむすびついている帝国主義であること、㈡労働者・農民を援助すること、㈢革命の性質は国民革命であること、㈣すべての革命勢力を国民党に結集して連合戦線を結成すること、などを明確にし、さらに㈤国民革命の共通の綱領としての新三民主義の内容を明らかにしたことである。

国民党再編成の主役を演じたのは、もちろん孫文である。孫文は三民主義の内容を新しくしてふたたび革命運動の先頭にたった。大会宣言によれば、新しい三民主義の民族主義は民族解放と国内民族の団結を内容とし、なかでも、帝国主義列強の侵略に反対して民族の独立を達成することに重点がおかれた。民権主義では、普通選挙制と五権分立主義の採用を主張し、帝国主義・軍閥《ばつ》の手先にはいっさいの自由と権利を与えないと明言した。民生主義においては「耕すものがその田を所有する」という原則を明らかにして土地改革を示唆《しさ》し、労働者・農民の生活改善をはかることを約束した。また、商工業政策としては、個人の私営企業を制限して国家資本企業を拡大することを主張した。

このようにして、国民党は反帝国主義・反封建主義の民族民主革命の旗印のもとに、労働者・農民・小資本家階級・資本家階級の四階級を連合した政党として再編成され、国民革命への巨歩をふみだした。孫文の革命運動は、中共との協力を実現することによって、その現実的役割も、また歴史的意義も、画期的な意味をもつことになったのである。

大会いぜんから、国民党内の反共右派グループは孫文の容共政策に反対して、さまざまな妨害活動を行なった。しかし、孫文は毅然《きぜん》として右派の策動をはねのけ、新しい革命

## めざましい活動

方針をみずから実践して新三民主義思想と政策の宣伝につとめた。かれは、一月二七日から八月二四日まで軍人や学生などを前にして「三民主義」の連続講演を行なって、三民主義思想の普及に努力した。この講演は、孫文自身がいっているように、古い考え方がまじってはいるが、大会宣言での新三民主義をよりいっそうくわしく説明し、中国の半植民の状態を回復して民族の独立をかちとり、「四億の人民を皇帝にする」いわゆる「全民政治」を実現することを強調した。孫文の三民主義思想を総括したものである。

「三民主義」の講演とほぼ同じ時期に、孫文は「建国大綱」や「五権憲法」を発表した。「建国大綱」は一九〇五年、同盟会の結成のとき発表した革命政権の統治形態の順序を発展させたもので、建設されるべき民主的な共和国は、軍政（軍政府）・訓政（国民党独裁政府）・憲政（憲法と普通選挙とにもとづく民主的政府）の三段階を経るものとした。「五権憲法」は立法・司法・行政・監察（官吏の監督）・考試（官吏採用試験）の五権分立を規定したものであり、孫文がずっといぜんから主張していた国家制度である。

孫文は、革命方針や国家建設の大綱を作成して発表したのみならず、同時に労働者や農民と接触した。一九二四年五月一日のメーデーに当たっては、労働組合代表と会見し「中国の労働者が資本家に反対して、労働時間の短縮や賃金値上げを要求するのは、たんに生活の問題ではなく、その最大のものは政治問題である」とのべ、労働者の要求は政治問題の解決なくしては実現されないこと、国民革命はその政治問題を解決するた

めに必要なことを強調し、労働者の政治的自覚を要望した。八月には農民との懇談会にのぞんで、農民の要求をみたすためには「根本的には農民自身がめざめ、自分たちの役割が重要であることを知らなければならない」とかたり、さらに「諸君！農民は今日まで団結して自衛することを知らなかった。そのためになんどもだまされたのである。今後もしだまされまいと思うならば、ただちに団結して農民軍を組織すべきである。政府は諸君を援助し、安く小銃を供給するであろう。諸君が武器をもち、農民軍の組織をつくるならば、中国第一の主人公となることができるだろう」とのべて、国民革命において農民が主力軍の役割を果たすべきこと、農民が自衛のために武装すべきことを指摘した。また、同じ月には、国民党が農村活動家を育てるために設立していた広東《カントン》農民運動講習所（ここでは毛沢東《もうたくとう》や周恩来《しゅうおんらい》も教えた）で講演を行ない、農民の土地要求を組織して地主制を一掃し、耕す農民が土地をもたなければならないと、農地改革の方針をはじめて明らかにした。孫文は「農民の苦痛を解決するためには、けっきょく、耕すものに土地を所有させなければならない。このことは、農民に自分の労苦の結果をえさせ、労苦の結果を他人に奪われないようにすることを意味する。われわれは、いままで、収獲の六割を地主がとるというのは不公平だと公然と宣伝する機会をもたなかったが、今日がその第一回の宣伝である」とのべて、農民解放の具体的な根本方針をはっきりとうちだした。

## 国民会議の提唱

このころ、北方ではあいかわらずいくつかの軍閥《ばつ》が勢力争いをつづけ、国会を政争の道具にして北京《ペキン》政権を争奪する戦争を行なっていた。軍閥《ばつ》の背後にはそれぞれ帝国主義列強がついていたから、軍閥《ばつ》の争いはいつ終わるとも知れず、政局は泥沼《どろぬま》におちいっていた。国民は国会への期待をまったく失って、平和への新しい道をさがしていた。一九二三年七月には上海の商工業団体は、民意を代表していない国会を公然と否定し、民間団体が連合して国民会議を開催しようとよびかけた。同じころ、中共も、混乱した政局を解決するためには「国民革命の使命をになっている国民党が先頭にたって全国の商工業団体・労働団体・農民団体・学生団体その他の職業団体によびかけ、それぞれの団体から代表を選出し、適当な所で国民会議を開くことである」と訴えた。すでに国会擁護運動を放棄し、軍閥《ばつ》と帝国主義に反対する新しい革命方針を明確にした孫文および国民党は、とうぜん、民意を集めた新しい国民組織を考えなければならなかった。それが国民会議の構想であった。

党の方針と組織とをかためた国民党は、全国へ党の勢力を拡大する仕事にとりかかった。孫文は、北方で国民党の政策を宣伝し、国民党の組織を拡充するために北京《ペキン》へゆくことをきめ、一一月に宣言を発表して北上の途についた。この宣言で、孫文は、㈠国民革命の目的は軍閥《ばつ》および帝国主義の侵略をとり除き、㈡民族の独立と自由を達成し、国内平和と民主政治とを実現することであると主張し、㈢このような目的を達成するためには国民代表が集まって国民会議を開催することが大切だとのべた。そして、さしあたりは、国民会議を開くための準備会議を開催するよう努力すべきことを提案した。この準備会議は、商工業団体・教育団体・学生団体・労働団体・農民団体、北京《ペキン》政府に反対する軍隊・政党の代表によって組織されるものとした。国民党は全国各地に宣伝員を派遣して国民会議の準備に着手し、孫文の北上と平行して国民会議促進の運動は急速に発展した。はやくも一二月には上海で一四三団体の代表四〇〇人が集まって国民会議促進会が結成され、翌年にはいると湖北《フーペイ》・湖南《フーナン》・浙江《チョーチャン》・江西《チャンシー》など各省の都市、あるいは北方の河南《ホーナン》・山東《シャントン》・山西《シャンシー》にも国民会議開催を促進する団体がうまれて運動を展開した。そして、一九二五年三月一日から一か月間、孫文をむかえて、北京で国民会議促進会総会が開催された。孫文は病気のためついに出席できなかったが出席者は二〇〇人あまりで、かれらは全国一二〇あまりの促進会を代表し、労働者・農民・知識人・教職員・学生・商工業者・ジャーナリスト・弁護士など幅ひろい国民各層を含んでいた。国民会議促進運動は軍閥《ばつ》と帝国主義に反対する国民を結集し、いままでとまったくちがった、国民による国民革命が発展する出発点となった。

孫文が北京《ペキン》へ出発したのは、国民諸階層の間に強くもりあがっていた国内平和と政治変革への期待を、首都で結集しようとしたからである。出発に当たっての「宣言」で、かれは「武力と帝国主義者との結合」を排して「武力と国民とを密接に結成せしめなければならない」とのべ、さらに「旧時代の武力は帝国主義に利用されたものであり、新時代の武力は国民の利益を擁護し、その障害を排除するものである」と論じた。武力と国民とを結合する具体的な方法が国民会議の召集と国民革命とであった。一七日に上海《シャンハイ》に到着した孫文は、一万人をこす市民の大歓迎をうけた。かれは、新聞記者団にたいして国民革命のもっとも重要な任務は、いっさいの不平等条約を撤廃して関税権・租界・領事裁判権を回収し、中国の完全独立を達成することであるとのべ、そのためには国民の総意を結集した国民会議を開催することが大切だと強調した。

## 日本国民への遺言《ゆいごん》

孫文は、北京《ペキン》へ直行せずに日本にたちより、二四日に神戸についた。当時、日本では第二次護憲運動が進展して民主政治を要望する世論が高まり、また、アジア人が団結してヨーロッパ列強のアジア進出をくいとめようという風潮がつよまっていた。孫文の日本訪問は、北京《ペキン》で国民会議促進会を開くまえに、関税権の回収と治外法権の撤廃を主とした不平等条約廃止運動への、日本政府および国民の理解と支援を要請しようとしたものであった。かれは、神戸で日本の各政党・貴族院・実業界の代表と会って、日本政府が自主的に対中国不平等条約を放棄するように要請し、二八日には神戸商工会議所の主催で「大アジア主義」と題する講演を行なった。

孫文歓迎の空気が反映して、会場にあてられた神戸第一高等女学校（神戸高校の前身）の講堂は聴衆で超満員となり、雨天体操場を第二会場にあてたほどの盛況であった。孫文は、講演のはじめの部分で、「ヨーロッパ列強がアジアに侵入し、三〇年前のアジアには完全に独立した国は一つもありませんでした。しかし、日本は三〇年前に不平等条約を廃棄しました。その日こそアジア全民族復興の日でありました」と、日本が明治初年いらい他のアジア諸民族にさきがけて独立を達成したことを高く評価した。ついで、かれは、ヨーロッパの近代文化は「武力文化」であると非難し、正義と人道の立場にたったアジア文化こそ、ほんとうの文化であるとのべた。かれは、単純にヨーロッパとアジアとを対比して考えたわけではなく、武力によって他民族を抑圧している列強と、その抑圧のもとで苦しんでいる被抑圧民族とを対比したのである。だから、「大アジア主義」という考え方の根本問題はなんであるかという問題につぎのように答えている。

「それは、苦しみをうけたアジアの民族が、どうしたらヨーロッパの強い民族に抵抗できるかという問題であります。簡単にいえば、被圧迫民族のために、不平等を取りさる問題であります。圧迫をうけた民族はヨーロッパにもあります。侵略政策を行なう国家は、たんに外国の民族を圧迫するだけでなく、自国の国民をも圧迫しています。わたくしの説《と》く大アジア主義は、正義にもとづき不平等をなくするためのものです」。

孫文は、講演のしめくくりの言葉として、「あなたがた日本国民は、すでにヨーロッパの武力文化をとりいれておられますが、また同時に、アジアの正義文化の本質をももっておられます。こんご、世界文化の前途にたいして、ヨーロッパ武力文化の犬になるか、アジア正義文化の牙城《がじょう》となるか、それはあなたがた日本国民が慎重に考えて選ぶべきところであります」とのべた。これは、生涯にわたって日本を愛し、日本の民主的な人びとに大きな期待をそそいできた孫文の、日本国民への最後の忠告であった。その後、日本の為政者は孫文の忠告に耳をかたむけず、「ヨーロッパ武力文化の犬」となって中国侵略への道をあゆんで、中国国民はもとより日本国民にも悲惨な犠牲をもたらした日中戦争となったのである。

同じ日、中華料理店で開かれた歓迎宴会の席上、孫文は、奴隷と主人とはほんとの友人として食事もいっしょにできないものだとのべ、「中国はいま奴隷の身分であり、なん人かの主人に仕えている。もし、日本のみなさまが、中国人と親善をはかりたいと思われるならば、中国のわたくしたちが切望している不平等条約の撤廃に協力していただきたい。わたくしたちが自由独立の身分になれば、日本のみなさまがたとほんとうの親善ができます」と強調し、日本国民の援助に期待した。

## ガンにたおる

神戸を出港した孫文は、大しけの玄海灘《げんかいなだ》をわたって、一二月四日天津《テンチン》に到着した。天津《テンチン》はもうきびしい冬であった。孫文は二万人の歓迎陣にこたえて寒風のなかにたちつづけた。このとき、孫文はカゼをひき、肝臓《かんぞう》の痛みを併《へい》発した。一二月三一日に北京《ペキン》にはいった時には、一〇万人の市民が駅頭にでむかえる歓迎ぶりで、孫文はいまや全国民の期待をにない、その人気は絶頂にあった。しかし、かれの死はま近にせまっていた。孫文はロックフェラー病院で開腹手術をうけた結果、肝臓癌《かんぞうがん》と診断され、もはや絶望と宣告された。

病勢は日一日と悪化した。長男の孫科《そんか》など国民党の主脳が枕頭にそろって、国民党・ソ連・家族への三通の遺言を作成した。三月一一日、死期を自覚した孫文は遺言にサインした。もはや意識を失ったかれの口から「平和を！」「奮闘せよ！」「中国を救へ！」の三句がなんかいもくりかえしてもれた。翌日午前八時すぎ孫文はついに不帰の客となった。満五九歳であった。

かれは臨終の一〇日ほど前に、「わたしはレーニンを慕《した》ってきたから、死んだらレーニンのような棺《かん》に納《おさ》めてほしい」といっていたので、遺体には防腐剤をほどこし、ソ連からとりよせた水晶《すいしょう》製の棺《かん》におさめた。葬儀は二四日に北京の中央公園で行なわれ、三〇万市民になごりをおしまれながら北京郊外の西山碧雲《へきうん》寺に埋葬された。

国民党への遺書はつぎのようにのべている。

「わたしは、およそ四〇年にわたって国民革命に力をそそいできた。その目的は中国の自由と平和とを求

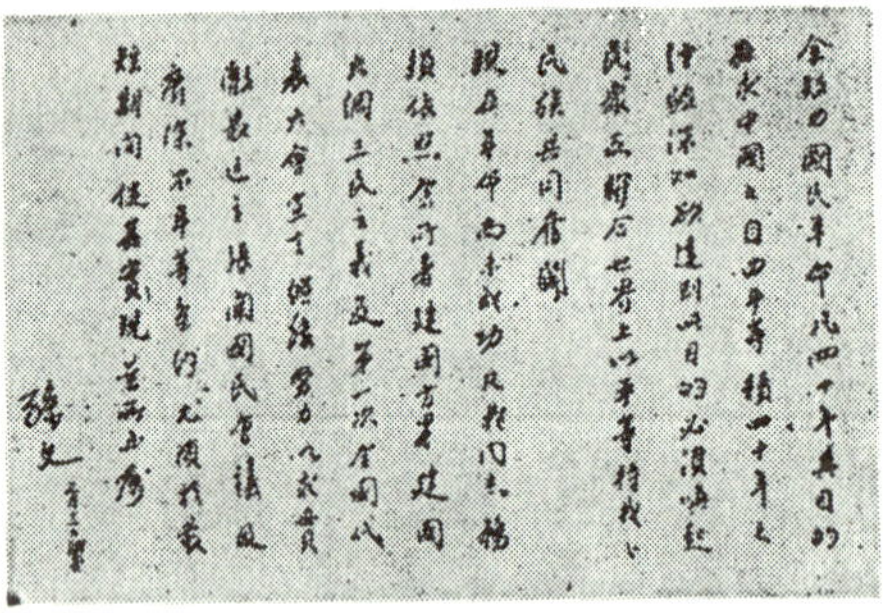
余致力國民革命凡四十年其目的
在求中國之自由平等積四十年之
經驗深知欲達到此目的必須喚起
民衆及聯合世界上以平等待我之
民族共同奮鬥
現在革命尚未成功凡我同志務
須依照余所著建國方略建國
大綱三民主義及第一次全國代
表大會宣言繼續努力以求貫
徹最近主張開國民會議及
廢除不平等條約尤須於最
短期間促其實現是所至囑
孫文

国民党への遺書

めることであった。四〇年の経験をつんだ結果、この目的を達成するためには、民衆をよびさまし、そして、われわれを平等に待遇する世界の諸民族と連合し、ともに奮闘しなければならないことを深く知った。革命はまだ成功していない。わが同志たちはみな、わたしが著《あら》わした『建国方略』『建国大綱』『三民主義』および『第一回全国代表大会宣言』にしたがって努力をつづけ、その貫徹をはからなければならない。さいきん主張してきた国民会議の開催と不平等条約の撤廃との問題は、とくにできるだけ早く実現しなければならない。以上がわたしの心からの願いである」。

家族への遺書はつぎのようであった。

「わたしは国のために身心をかたむけて家庭をかえりみなかった。遺《のこ》した書物・衣類・住宅などすべてのものは、記念のため妻宋慶齢《そうけいれい》に与える。子どもたちはもう成人して、自立できるようになった。それぞれ、自愛してわたしの志を継いでほしい」。

ソ連への遺書は「病床にあって、わたしはあなたがたと、わが党およびわが国の将来に心をよせています。あなたがたは自由な共和国の指導者であり、偉大なレーニンが全世界の被圧迫民族に与えた遺産です」とまえおきして、「中国およびその他の被侵略国を帝国主義から解放する国民党の革命運動に協力していただきたい。国民党にたいしてあなたがたと提携することを命じておきました。わたしは、あなたがたがいままでわが国にあたえられた援助を継続されるにちがいないと確信しています」とソ連にたいして信頼をよせ、「両国は世界の被圧迫民族が自由をたたかいとる大戦争に手をたずさえて協力し、勝利をかちとるでしょう」と結んだ。

瀕死《ひんし》の病床にかけつけた一日本人にたいして、孫文は「神戸で行なった演説は日本人に反響があったかどうか」とたずねた。日本人は「演説はラジオでも放送されるし、新聞にも書かれたので、日本のすみずみまで響きわたった」と答えると、孫文は満足げな表情をあらわしたという。孫文は日本と中国とのほんとうの友好親善をねがっていたのである。

### 不滅の孫文思想

孫文は「世界の潮流は蕩蕩《とうとう》と流れている。この潮流にしたがえば未来は開け、潮流に逆《さか》らえばほろびる」という言葉を書きのこしている。民族の独立と統一、民主主義社会の建設をめざして、労働者・農民など国民大衆とともに奮闘するという孫文の革命思想は、国民の要求に根ざしていたのみならず、二〇世紀の世界の潮流に合致したものであった。だから、孫文の突然の死は、中国の民族解放運動にとって大損失ではあったが、この運動はかれ個人の死によって停止するものではなかった。国民党も共産党も、それぞれ声明をだして孫文の遺志を忠実にうけつぎ、かれの目標を実現するために努力することを表明した。

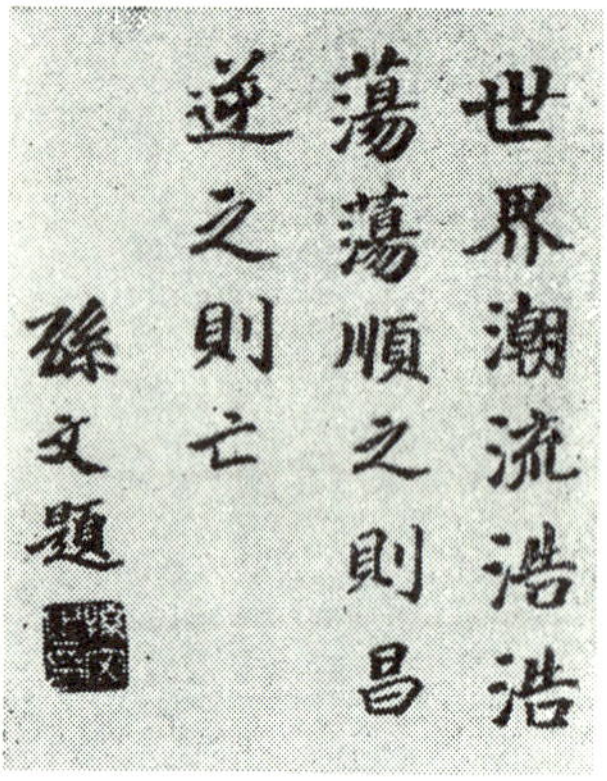

孫文の書

孫文が死んでから二か月あまりのち、労働者を中心として帝国主義に反対する大国民運動がおこった。これは五・三〇運動とよばれているが、労働者・学生・市民・知識人たちが五四運動のときよりももっとはっきりと帝国主義反対・封建軍閥《ばつ》反対の決意をあらわしただけではなく、五四運動のときには同調者にすぎなかった労働者階級が、このたびの運動では先頭にたって政治の舞台をリードした。この運動は国民の間に政治的自覚をたかめて国民革命をすすめるための社会的地盤をつくりだした。

国民党は七月に国民政府を広州《コワンチヨウ》で樹立して広東《カントン》省を根拠地としてかためるとともに、全国的に勢力を拡大し、また軍事力の充実につとめた。一九二六年一月の全国代表者大会で、国民党は、中国の「生きる道」をきり開くためには帝国主義と封建軍閥《ばつ》とをうち倒すことが必要であり、そのためには労働者・農民と連合しなければならないと、孫文が指導した第一回全国代表者大会の方針を実施することを再確認し、四月には、全国的政権を奪取することを宣言した。第三回全国労働大会や広東《カントン》省農民協会大会もまたこの方針を積極的に支持し、全国統一のための武装行動が目前にせまった。

国民党は七月はじめ、「北伐《ばつ》宣言」を発表して広東《カントン》省から北上をはじめた。蔣介石《しょうかいせき》を総司令官とした国民革命軍は破竹のいきおいで軍閥《ばつ》をうちたおして北上し、半年たらずの間に揚子《ようす》江《こう》流域以南の広大な地域を制圧した。このような大成功をおさめたのは労働者・農民・学生などが国民革命軍を積極的に援助したからであった。たとえば湖南《フーナン》省では国民革命軍の到着がせまったとき、学生・労働者・農民など五〇万人がたちあがって軍閥《ばつ》に反対する運動をおこし、また湖北《フーペイ》省では鉄道労働者や兵器工場の労働者がストライキを行なって軍閥《ばつ》への武器供給を妨害した。上海《シャンハイ》でも三回にわたって市民が蜂起して国民革命軍がくる前に軍閥《ばつ》をおいだし、労働者・商工業者・学生などが組織した市民会議が上海市政府をうちたてて、国民革命軍をむかえいれた。

### ひきさかれた孫文

このようにして、孫文が基礎がためをして遺《のこ》した国民革命はみじかい期間のあいだに成功するかに見えた。しかし、困難な問題が内部から発生した。孫文の国民革命理論、つまり三民主義思想は資本家・労働者・農民など、いろいろ利害がちがった階級を連合して革命を推進するものであったので、もともと内部には利害の対立をふくんでいた。ことに、共産党と協力することについて指導部内部で意見が対立していた。

国民党内部には右派と左派とがあり、右派ははじめから共産党との提携には反対していた。孫文は左派の勢力に支持されて共産党との提携にふみきったのであった。ところが、孫文が死んだのち、党内では右派の勢力が大きくなり、蔣介石《しょうかいせき》を代表とした右派勢力が多数をしめた。右派勢力は国民革命軍の進撃にともなって労働者や農民の運動が活発化し、その勢力が拡大したために恐れを感じ反共感情を強くいだくようになった。他方では、外国帝国主義諸国もまた帝国主義侵略反対の空気がひろがることをおそれて、右派勢力のだきこみをはかった。ついに一九二七年四月、右派の代表者蔣介石《しょうかいせき》はクーデターを行ない、共産党や労働者・農民など革命勢力にたいして残酷《ざんこく》な武力弾圧をいっせいにくりひろげた。

ここで、孫文が苦労のすえ実現した国民党と共産党との協力関係がひきさかれ、帝国主義・封建勢力・資本家を代表した政党になりかわった国民党は、労働者・農民を代表した政党である共産党と武力で政権をあらそうこととなり、新しい内戦状態が発生した。国民党が共産党との提携を拒絶したとき、孫文の夫人宋慶《そうけい》齢《れい》は声明を発表し、㈠革命政党は根本的な社会改革を実現しなければならない、㈡労働者・農民は新中国建設の大黒柱《だいこくばしら》であり、かれらの支持がなければ国民党の生命はなくなる、㈢孫文はソ連との提携、共産党との協力、労働者・農民の保護という三大政策が三民主義を実行するただ一つの方法であると主張していた、㈣孫文がうちたてた政策を実行しないものは孫文の後継者ではない、と指摘し、蔣介石《しょうかいせき》など右派が行なっている反共政策は孫文の革命思想に反逆《はんぎゃく》するものだと非難した。まもなくかの女はモスクワをおとずれたが、その目的は蔣介石《しょうかいせき》政権が革命的な国民党、革命的な中国国民を代表するものではないということを世界にあきらかにするためであった。

### 実現した孫文の願望

国民党との協力をやめた共産党は、江西《チャンシー》省を中心に、労働者・農民・共産軍を連合した中華ソビエト共和国政府を樹立して新しい国家建設と革命運動とを推進した。

一方、蔣介石《しょうかいせき》を中心とした国民党は南京《ナンキン》に国民政府をたて、対外的には外国帝国主義との結びつきをふかめ、対内的には地主や大資本家の支持をえて、独裁的な政治をかためた。国民政府は一九二九年六月に孫文の遺体を南京《ナンキン》市郊外の紫金山《ズーツンシャン》の麓《ふもと》に移し、中山陵《ちゅうざんりょう》となづけた荘大な墓所をきづき、孫文を「国父」とよぶことにきめた。蔣介石《しょうかいせき》ら国民党右派がみずからを孫文の正統な後継者だと権威づけようとしたものであったが、南京《ナンキン》政府の政策が孫文の三民主義を正しくうけついだものでないことは、だれの目にもあきらかであった。

一九三一年九月、日本軍は満州に侵出し、それいご一五年におよんで日本と中国との戦争がつづいた。民族の危機に直面した中国では、ふたたび国民党と共産党との協力関係が実現して抗日民族統一戦線を結成した。このときの国民的団結のシンボルは孫文とその革命思想であった。

第二次世界大戦後、ふたたび国民党と共産党とは武力衝突をおこしたが、一九四九年には中華人民共和国が成立して共産党が指導した革命勢力が台湾《タイワン》いがいの中国領土と国民とを支配した。そして、国民党はアメリカの支持をえて台湾《タイワン》で政権を維持することになった。

孫文生誕九十周年
記念切手

中華人民共和国が成立したとき、宋慶齢《そうけいれい》は、共産党の指導のもとで孫文の三民主義を実現することができる、と感謝の演説をしたが、かの女の期待どおり、中華人民共和国は、孫文が革命活動にはいっていらい念願していた民族の独立と統一、国内の平和、労働者・農民の社会的・経済的解放を実現しただけでなく、孫文が『実業計画』で新中国の未来図として描いた産業の近代化、国土・資源の大規模な開発を外国からの援助に頼らずにちゃくちゃくと進めた。一九六六年の孫文生誕百周年記念大会の席上、宋慶齢《そうけいれい》は「孫中山が生涯《しょうがい》をかけて奮闘した目標はすでに実現された。いまでは、それ以上のことが実現されている。わたしは、孫中山の四〇年にわたる革命闘争に誇《ほこ》りを感じている」とのべた。

孫文がさし示した新中国が生まれるまでには、さまざまな障害や困難があった。しかし、かれがさし示した道は正しく、かれの精神は、いまや、新中国で花を開き実《み》をみのらせている。それは、かれが長い苦難、きびしい試練にくじけず、ついに「世界の潮流」、つまり民族解放・民主主義の実現という近代史の流れを発見して、その流れの先頭にたって国民を指導したからにほかならなかった。

# Ⅱ　孫文の思想

# 孫文思想の特徴と体系

**実践的な政治思想**

孫文は、革命活動をはじめてから三〇年間、終始民族の独立と解放のために心身を傾倒した。かれの生涯は革命のために生き、革命とともに生きたものであった。かれの思想は、革命運動の展開・深化と、かれ自身の実践活動をつうじて形成され、変化し、発展した実践的政治思想であった。われわれは、今日では孫文の全集に収められている多くの宣言類・著作・講演・談話・書簡を見ることによって孫文の思想に接することができるが、それらのいずれをとってみても、それぞれの時期の政治的・実践的な目的と必要とから書かれなかったものはない。だから、なにか一つだけの問題だけをとりあげると、孫文の論述はそれほどくわしくもなく、また系統だってもいない。しかし、このことは非難されるべきことではなくて、かえって孫文思想の特徴といわなければならない。啓蒙的な思想家としての役割と実践活動の指導者としての役割とをになって、多忙で多難な生活をおくった孫文にとっては、革命活動の必要上から行なった一つ一つの講演や談話が美文であるとか筋道がたっているとかではなくて、革命運動を一歩でも前進さすものである点に価値をみいだした。だから、その時どきにおいてテーマがちがうにしても、また長い短いのちがいはあるにしても、かれの論述にはかれの革命思想のすべてがもりこまれていたといわなければばならない。このような思想の実践性が孫文思想の第一の特徴である。

孫文思想の第二の特徴は、かれが、将来中国に建設さるべき近代国家の未来像を欧米諸国と欧米思想とからつくりあげ、この未来像と中国の現状とを比較対照し、いかにしておくれた中国の社会・経済を理想的な新しい社会・経済に変えるか、という発想から変革の方法を探求したことである。このような発想法は、孫文が青少年時代に欧米社会に接触してからのち、祖国のおくれた現状を改革しようとして変革運動に入ったという経過からきたものだろうと思われる。欧米の民主主義政治や資本主義経済について、まだほとんど知られていなかった当時のことであるから、孫文は、一方では欧米的な進んだ社会制度や経済組織について初歩的な解説を行なって啓蒙的な仕事を進めなければならず、他方では同時に変革の理論づくりと実践とに従事しなければならなかった。かれの思想が幅広く雑然としているように見えるのは、このような事情から発生したものであり、かれ自身にとってはけっして雑然としていたわけではない。たとえば、辛亥《しんがい》革命後の時期に、かれは一方では議会制擁護を主張しながら、他方では自動車工場の建設案とか運河の開発案をねっていた。表面的には両者は無関係のように見えるけれども、孫文の思想においては、一方は変革の方法であり、他方は建設さるべき未来図であり、前者が手段、後者が目的という関係で密接につながっていたのである。

第三の特徴は、かれの革命思想は歴史的に変化し、発展していることである。革命とは現状を変える運動であるから、現状の変化に応じて革命の戦略・戦術が、すなわち革命思想と政策とが変化することは当然である。ことに、孫文が活動した一九世紀末から二〇世紀初期にかけての中国は激しい変動期にあった。すぐれて実践的活動家であった孫文の思想は、内外の情勢の変化に応じて変化し発展した。ことに、変革の理論である三民主義思想は、発展しつつある中国革命の産物であり、その思想的表現であっただけに変化が大きく、思想体系として完成されたのはかれの生涯の最後の時期であった。ある人が、孫文を「発展しつつある国の、発展しつつある革命の、発展しつつある指導者」と評したが、かれの思想についても、この言葉があてはまる。

第四の特徴は、孫文の思想は、世界資本主義が帝国主義段階にはいった時期の、帝国主義諸国によって半植民地の状態におかれた、おくれた中国での、近代化をめざす革命の理論であったことである。だから、同じく近代化をめざす革命理論であっても、欧米諸国の市民革命思想とはちがった内容をもち、すぐれて民族主義的な性格をもっている。しかし、単なる民族主義思想ではなく、封建主義に反対して近代市民社会を確立しようという民主主義革命の理論と反帝民族主義思想とが結合して、いわゆる民族民主革命の理論をつくりだした点で、孫文思想の独創性を見ることができる。

第五の特徴は、統一戦線の思想であったことである。孫文はけっしてマルクス主義ではなかったので、かれの統一戦線的思想には、階級闘争理論にもとづいた毛沢東《もうたくとう》の統一戦線論のような論理性や科学性を求めることはできない。孫文の思想には、毛沢東《もうたくとう》の階級理論とはちがって、クロポトキンの互助主義思想から影響をうけた階級調和論が根底によこたわっていた。しかし、統一戦線は戦線内部での協力関係をぬきにしては成立しないので、孫文は不十分ながらも階級調和論を戦線内部に適用して、味方勢力の拡大・強化に役立てた。もちろん、その反面では変革の対象、すなわち「敵」の認識についての甘さや錯誤があったことは避けられなかったが、辛亥《しんがい》革命の時期には満州人の清王朝を、国会擁護を目標とした闘争の時期には議会の破壊者を、国民革命の時期には帝国主義と軍閥とを、というように、それぞれの時期に具体的な「敵」を明確にし、その「敵」にたいする諸勢力の結集をよびかけて組織した。未熟ではあるが、このような統一戦線の思想を孫文の思想のなかにみいだすことができよう。

## 幅広い体系

孫文の思想といえば三民主義思想と考えるのが普通であるが、かれの思想はもっと幅広い内容を含んでいる。孫文自身は自分の思想体系を系統的に論述したことはなく、時に応じ、必要にせまられて語った。実践的な革命家としては当然のことである。しかし、孫文思想の全体を知るために、かれが論述した諸問題をつぎのようにまとめることができよう。

一　実践哲学

革命実践の哲学を論じた実践論で、「知ることはむずかしいが、行なうことはやさしい」という説が中心。『建国方略』第一部に収められている『孫文学説』（心理建設）で主として論じている。

二　変革の理論

三民主義（民族主義・民権主義・民生主義）であり、孫文思想の中核である。『中国同盟会軍政府宣言』・『中国国民党第一回全国代表大会宣言』・『三民主義講演』で主として論じている。

三 政策論

(1) 政権の組織形式 『革命方略』・『建国大綱』・『民権初歩』（建国方略第三部）に論述。
(2) 実業計画 『建国方略』第二部に収められている『実業計画』（物質建設）で主に論述。

孫文の革命活動の究極の目的は、民主的で豊かな近代的な中国を建設することであった。そのような中国を建設するために、まず実施しなければならないもの、つまり政治・経済発展の基礎となるべきものを論じたものが政策論であり、民主的な政治・行政制度の確立と近代的機械技術による産業開発とであった。しかし、この二つの政策は現状では不可能であり、現状の変革が必要であった。現状を変革する戦略・戦術論、これが三民主義であり、孫文の革命思想の中心である。そして、三民主義の実現、つづく政策の実施の根底になる精神的・哲学的な理論が実践哲学である。孫文の幅広い思想体系は、このような形で関連しあっていた。

**三民主義思想** 孫文の三民主義思想は、民族主義・民権主義・民生主義の三主義をふくみ、これらを統一した思想である。この思想は孫文の独創的な変革理論であり、かれ自身が、中国の現状にもとづいて中国を変革し、近代化する実践活動を通じて形づくり、発展させた思想である。

三民主義思想の中心は民族主義である。普通、近代においてナショナリズム（民族主義）が抬頭したには二つの場合がある。その一つは封建制度の殻を破って資本主義が生まれでる時に、資本家が国内市場の拡大と統一を求めたところから浮びあがる場合であり、政治的には封建的割拠を打破して民族の統一、国民国家の形成を進める思想としてあらわれる。近代ヨーロッパのナショナリズムがこれである。もう一つは、これとはちがって、外国に支配された後進国が、外国資本主義の侵略に抵抗して民族の独立を獲得するために抬頭するばあいである。このばあいには、外国勢力に抵抗するために国内民族の団結が必要なので、国内における民族統一、国内の民主化の問題が民族解放の問題と不可分に結びついて提起される。二〇世紀におけるアジア後進諸国のナショナリズムがこれである。アヘン戦争いご帝国主義諸国の侵略によって半植民地の状態に陥っていた中国の解放運動において、ナショナリズムが中心思想となったことは当然であった。

民権主義は、近代民主主義を実現する理論であり、「四億の人民が皇帝になる」という主権在民思想を根幹とし、立憲共和制を確立する政治論である。民主政治のあり方について、孫文は欧米諸国の政治制度を参考にしながらも中国的形式を加えて、五権分立制と国民の直接的な参政権(直接民権)を主張した。

民生主義は、資本主義経済制度の矛盾をあらかじめ防止する社会政策として取りあげたもので、「地権の平均」と「資本の節制」との二つを内容としている。三民主義の中に含まれてはいるが、民生主義は革命政権を樹立したのちの政策の一つであるという性格をもっていた。しかし、一九二四年いご、「耕すものに田を」という土地改革の原則を明らかにしてのちは、国民生活の向上という広い内容の民生主義が革命綱領の重要な部分を占めた。

三民主義思想は一九〇五年の同盟会結成（五二頁参照）にあたって、はじめてまとまった形で現われたが、その後の情勢の変化、変革運動の発展にともなって変化し、発展した。そして、三民主義思想は、その形成の時期と、思想体系として確立した時期の間には、孫文の闘争と思索の十数年の時期を経過した。このような三民主義の形成・発展・確立の過程を時期的に区別すると、ほぼつぎの三期にわけられる。

**第一期**　三民主義思想の形成期（一九〇五年―一九一一年　辛亥《しんがい》革命）

**第二期**　全般的停滞と部分的発展の時期（一九一二年―一九二二年）

**第三期**　思想体系としての確立期（一九二三年―一九二四年）

毛沢東《もうたくとう》は三民主義についてつぎのような区分を与えている。

この宣言（国民党第一回全国代表大会宣言、一九二四年）は、三民主義を二つの歴史的時期にわけている。これ以前は、三民主義は、旧範疇《はんちゅう》の三民主義であり、ふるい、半植民地のブルジョア民主主義革命の三民主義であり、旧民主主義の三民主義であり、旧三民主義であった。

これ以後は、三民主義は新範疇《はんちゅう》の三民主義であり、新しい、半植民地のブルジョア民主主義革命の三民主義であり、新民主主義の三民主義であり、新三民主義である。新時期における革命の三民主義とは、この三民主義以外にはない。（新民主主義論）

三民主義思想の形成・発展の過程を細かく時期区分すると、先に示したような三時期にわけることができる。しかし、第一期と第二期との内容は基本的には同じであるから、内容上の区別を行なえば、毛沢東《もうたくとう》のいうように、一九二四年の国民党の再組織の時点の前後で、旧三民主義と新三民主義とに区分することが適当である。つぎにこの二大区分にしたがって、三民主義の内容をくわしく考えてみよう。

# 旧《ふる》い三民主義思想

## 三民主義思想の形成

民族主義・民権主義・民生主義という三つの内容を含んだ三民主義思想が孫文の変革論として公然と提唱されたのは、一九〇五年に同盟会が結成された時期である。かれが政治活動をはじめたのは一八九四年であるから、同盟会の結成までには約一〇年間の活動があった。この期間は興中会（三三頁参照）による政治活動である。この時期に、孫文はどのような政治思想をもって活動していたのだろうか。

### 素朴《そぼく》な愛国心

孫文が政治的意見を最初に発表したのは、当時の実力者李鴻章《りこうしょう》への意見書（一八九四年）である。この意見書の趣旨は

ヨーロッパ諸国が富強であるのは、武器が優秀で軍隊が強力であるというだけによるのではなく、すぐれた人材を養成し、農業技術の普及と機械化をすすめ、資源を開発して鉱工業を振興し、交通・運輸を開発したからである。この四つの政策は国を富強にする根本施策であり、政治の根本である。わが国はヨーロッパに見ならって国力を強める政策をすすめているが、軍備の強化だけに力をそそいで、上述の四政策を

軽視している。このことは根本問題を忘れて枝葉末節の問題にかかずらわっているためである。ということであった。

かれの意見書は、李鴻章《りこうしょう》らが推進していた軍国主義的な政策を批判し、これを人材養成・産業開発による産業近代化政策に転換するよう要請したものであった。したがって、ここには政策批判はあっても政治批判はなく、清《しん》朝支配下の現状にたいする不満はあっても民族や民権の問題はなかったといわなければならない。

しかし、孫文が穏健な口調で政策転換の要望をのべたのは、おそらく意見書という形で政見を発表したからであろう。ほんとうのところは、当時すでに、かれはもっと切迫した危機感と急進的な政治思想をいだいていた。このことは、意見書と同じ時期に興中会という政治団体をハワイと香港《ホンコン》とで結成した事実、および興中会の成立宣言の内容から知ることができる。

宣言は「為政者は旧《ふる》いしきたりにとらわれて、政治力もないのに表面上の威厳だけをふりまわしており、民衆はといえば無智蒙昧《もうまい》で、国家の将来のことをぜんぜん考えていない。だから、わが国は大国であるのに列国に負け、すぐれたわが文化も外国人にばかにされるのである」と国内の情勢を概括して、為政者の無策・腐敗と、国民の無智・無気力を慨嘆した。ついで対外情勢の切迫した危機を、

今日、列強は中国を包囲して虎視眈眈《たんたん》としてわが国のゆたかな資源をねらっている。すでに列強の侵略と強奪がつぎつぎとおこった。列強のために分割される危機は目前にせまっている。ああ、危いかな。

康有為

とのべ、「国民を苦しみから救い、国家の滅亡をふせぎ、子々孫々を異民族の奴隷としないようにしよう」とよびかけた。

国の内外から民族の危機がせまっていること、内外の危機のうち主要な原因が国内政治の腐敗と無力にあること、このような現状認識をもった孫文は、民族の危機を救おうという愛国心から政治的改革活動にはいった。この意味で、かれの政治活動の動機ははじめから民族主義的な感情であったといえる。しかし、かれの活動方針はまだひじょうに抽象的であり、なにを打倒し、なにをうちたてるかという変革の基本問題を提示していない。したがって、この時期のかれの愛国心や民族的感情は素朴《そぼく》なものであったといわなければならない。

### 変革スローガンの出現

しかし、一八九五年の広州《コワンチョウ》蜂起の手いたい失敗、それにつづく亡命生活、康有為《こうゆうい》ら保皇会との対立など、きびしい試練にきたえられた孫文は、素朴な愛国的感情から一歩脱却して政治変革の具体的な方針をうちかためざるをえなかった。それは、かなり時間を必要としたが、この間に初期の三民主義思想が育つのである。

清《しん》王朝の打倒、共和国の建設という変革スローガンがはじめて孫文の口から発せられたのは一九〇四年である。同年、ハワイにおいて興中会の政敵であった保皇会の非難に反論して、孫文は「われわれは満州王朝の打倒、漢民族の中国建設を志《こころざ》し、保皇会の連中は満州王朝の擁護、清《しん》朝への屈従を志している」とのべて、興中会が君主制を主張する保皇会と根本的にちがった方針をもっていることを表明した。また、かれは、同年ハワイで致公堂《ちこう》（洪《こう》門会ともいう）の秘密結社に加入した。もともと致公堂《ちこう》は「清《しん》王朝を倒して明《みん》王朝を復活しよう」というスローガンをもっていたが、孫文は清《しん》王朝を倒すという点で協力することを考えたのである。かれは致公堂《ちこう》の規約を作成し、「異民族を駆逐して中華民族の国を再建し、民国を創立し、地権を平均する」という項目をつけ加えた。同年にアメリカ人に訴えるために英文で出版した『中国問題の真の解決』でも、清《しん》王朝を打倒して新しい共和国政府を樹立しなければならない理由を説明した。清《しん》王朝の打倒、共和国の建設、地権の平均という変革スローガンが公表されはじめたのである。

## 漢民族の中国をめざして

一九〇五年孫文は同盟会を組織した。「同盟会軍政府宣言」には、対内的綱領として、㈠満州王朝の打倒、㈡中華の回復(以上、民族主義)、㈢民国の建設(民権主義)、㈣地権の平均(民生主義)が掲げられ、ここに一応三民主義の形が整ったのである。これら民族・民権・民生の三つの主義は分かつことのできないものである。満州王朝を打倒して、共和国を建設することであり、共和国を建設して、地権の平均を行なうこととなのである。

同盟会は興中会の単なる延長ではない。綱領においても、興中会とは異なり、「満州王朝の打倒」・「中華の回復」のほかに、「民国の建設」・「地権の平均」があり、組織においても、少数精鋭主義による「英雄革命」にかわって、民衆を結集しての「国民革命」を行なおうとするものであった。孫文のいう「国民革命」とは各人が自由・平等・博愛の精神を持って、それぞれ革命の責任を負うものであり、その中心が同盟会軍政府であった。

三民主義はまだめばえたばかりで未熟であったが、翌年の『民報』一周年記念大会講演「三民主義と中国民族の前途」において、孫文の三民主義理論がほぼ明らかにされた。梁啓超《りょうけいちょう》ら保皇会の『新民叢報《しんみんそうほう》』との激烈な論戦を展開していた孫文にとって、対内的にも対外的にもかれの理論を明確化する必要があったのである。

民族主義については、民族主義は種族性から出発したものであるが、異種族を排斥するものではなく、異種族のものが漢民族の政権を奪うことを許さないだけであるとし、漢民族国家の復興を目的とした。この時期の民族主義思想の内容は、満州王朝の打倒だけで、国内諸民族の平等、民族の独立・解放を目ざしてはおらず、また外国勢力の侵略を排除するという目標もなかった。だから、民族主義の内容は近代的なナショナリズムとはちがっていた。

孫文および同盟会は中国にせまっている内外からの危機の原因は満州人という異民族が中国を支配し、専制政治を行なっていることであるとみなした。したがって、帝国主義列強の侵略に抵抗することは闘争の課題にはならなかった。同盟会の対外政策「中華国民軍対外宣言」をみると、㈠中国が以前に諸外国と締結したすべての条約はみな依然として有効である、㈡外債の償還《しょうかん》は以前通りとし、各省の外国税関より分割償還す

『民報』第１号と六大主義

る、㈢外国人のすべての既得権はすべて保護する、など七か条である。この宣言は、清朝《しん》打倒の運動を展開していく上に、帝国主義諸国との協調が必要であると考えていたことを物語っている。この中には、帝国主義に反対するものはなに一つみられず、したがってまた、中国の主権回復についてのいかなる対策もみることはできないのである。同盟会の機関誌『民報』の六大主義の中に、中国・日本両国の国民的連合を主張する、世界列国が中国の革新事業に賛成することを要求する、の二項目が掲げられているのも「対外宣言」の姿勢と基本的に一致する。このような同盟会の対外協調政策の姿勢は、その後、一九一二年一月臨時大総統孫文が各友好国に宛てて、中華民国の承認を要請して提示した対外政策においても引きつがれる。

この時期の民族主義は、まだ未成熟で、会党の[1]「滅満興漢」

1）会党とは三合会・哥《か》老会などの秘密結社をいい、宗教的あるいは政治的色彩をおびており、加入者の相互扶助を目的とした集団である。その階級的性格はまだ明らかでないが、一般に会党は「滅満興漢」のスローガンをもっており、破産農民・失業商工人などの遊民層の相互扶助集団と考えられる。

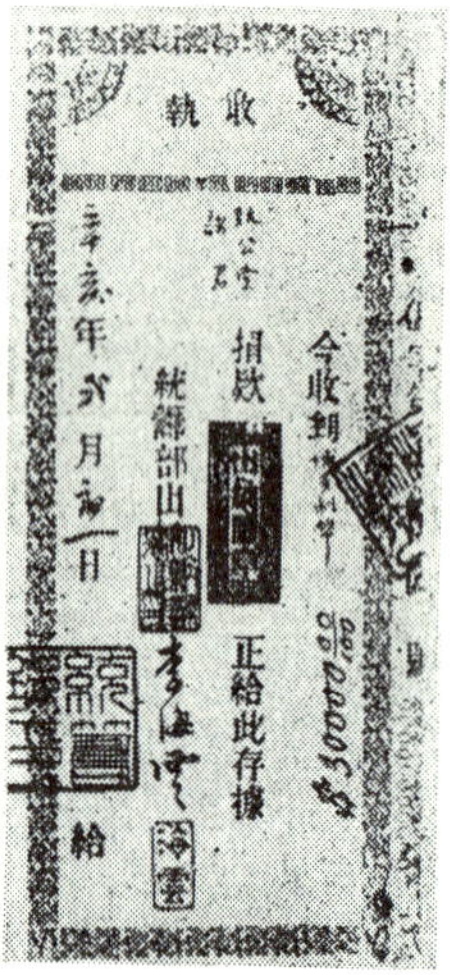


革命軍が華僑の義捐金にたいして発行した領収書

と結びついた。それは、「滅満」という点で会党と孫文とは一致でき、孫文はこの意見の一致を利用して会党を同盟勢力として獲得し、民族意識を呼びおこそうとしたのであり、また当時、海外では華僑の支持をえていたが、国内では会党いがいに政治勢力と武装勢力とをつかむことができなかった孫文らにとって、会党が主力とならざるを得なかったからである。孫文の民族主義思想は会党の「滅満興漢」（孫文のいう種族革命）そのものでなく、伝統的な専制王朝を倒して共和国を建設する内容をもっていたのであるが、孫文の実践計画が常に会党との密接な協力のもとにたてられた関係上、「滅満興漢」を趣旨とした清《しん》朝打倒という種族革命にかたよらざるをえなかった。

孫文はじめ同盟会の活動家が、反満宣伝と反満活動に集中したことは、一方では帝国主義と封建主義という中国民主革命のほんとうの敵を明らかにすることをさまたげる重大な欠陥をもっていたが、他方では、多くの反政府勢力を反満に結集して、清朝の崩壊を早めることができたという積極的な側面もあった。三民主義の綱領のうち、同盟会の会員でもみなが一致して真に理解できたのは清《しん》朝が満州人の王朝であるから打倒しなければならないということだけであった。同盟会がこのような内容の民族主義を中心とする政治団体であってみれば、孫文自身民族主義に重点を置いていたことでもあり、その運動の成果である辛亥《しんがい》革命が清《しん》朝打倒ということだけにおわるのは当然であった。

**共和国の建設**

欧米の政治制度と近代文明に対する孫文のあこがれは、民権主義として欧米の民主主義制度を採用することとなった。「軍政府宣言」の「民国の建設」とは、その説明によれば、「平民革命」によって民国政府を設立して、国民すべてが平等となり、すべてが参政権を持つようにし、大総統も議員も国民によって選ばれ、中華民国憲法を制定しようとするもの、つまり普通選挙制に基づいて立憲議会制を実施することである。翌年の『民報』一周年記念大会講演において、孫文は、民権主義は政治革命の根本であるとし、「われわれが満州政府を倒すのは、満州人を駆除《くじょ》するという面からいえば民族革命であり、君主政体を顚覆《てんぷく》するという面からいえば政治革命である。けっして二段に分けて行なうことのできないものである」として、清《しん》王朝が異民族の専制政府であるという二重構造を的確に指摘した。それは、梁啓超《りょうけいちょう》らが主張した清《しん》朝立憲君主制論と根本的に対立する見解であった。また、列強の圧力よりも内部分裂による祖国滅亡の危険性をみとめ、革命家にさえ巣くっている皇帝思想をとりのぞいて、「平民革命」により国民政府を建てなければならないと強調した。

このような清《しん》朝の打倒、共和国の建設をめざしての革命政府は、政権の形態を第一期「軍法の治」、第二期「約法の治」、第三期「憲法の治」の三段階をへることが妥当と考えられ、これによって民権を育成・伸張しようとした。

「軍法の治」は、軍政府が地方行政を統轄して、政治上の弊害すなわち政府の圧制、官吏の汚職、下級官吏の横暴、刑罰の残酷、徴税の横暴、辮《べん》髪の屈辱や、風俗上の弊害すなわち奴婢《ぬひ》の使用、纏足《てんそく》の残忍、鴉《ア》片《ヘン》の流毒、迷信の阻害の積弊を一掃する任務をはたすものである。この「軍法の治」は県を単位に三年間実施される。軍政府が国民を指導して旧時代の遺物を一掃する時代である。「約法の治」は、軍政府が地方自治権をその地の人民に与え、人民によって地方議会議員や地方行政官を選挙し、軍政府と人民との権利義務はすべて憲法に規定してこれを遵守《じゅんしゅ》するものとし、三年間の期間が設けられる。軍政府が地方自治を人民に与えて、人民みずからが政治に参与する時代である。「憲法の治」は、憲法を制定し、軍政府は軍権・行政権を解き、国民は大総統・議員を公選して国会を組織し、国家機関が憲法にもとづいて国政を掌握する時期である。

辛亥《しんがい》革命後、この革命運動展開順序の構想を実行に移したが、「軍法の治」期を経過せずに、「約法の治」期に入らざるをえなかったことは革命の成功を一時的なものにし、結局は失敗に導くことになった一つの原因である。

ここで共和国の具体的プランとして第三期における政治制度が問題となる。『民報』一周年記念大会講演において、将来の中華民国の政治制度は、欧米の行政・立法・司法のいわゆる三権分立に、中国的形式からする考選(官吏採用試験)・監察(官吏の監督)の二権を加えたもの、すなわち五権分立を原則とするものとした。孫文が「五権憲法」と名づけた政治制度である。孫文は、中国で欧米式の三権のほかに「考選権」と

「監察権」の二権を独立させなければならない理由をとくに強調した。「官吏はすべてかならず試験を受けて、その資格を得なければならない。官吏は選挙する場合も、委任する場合も、かならず任命されたものがその資格をもっていなければならない」とか、「人民を裁判する機関が独立しているのに、官吏を裁判する機関が別の機関の下にあるのは、不合理であるから、独立すべきである」とした。孫文は民主共和制を前提として、その弊害を除去しようとする姿勢をとったのである。

### 社会革命の予防

民生主義の内容は「地権の平均」という考え方である。この思想については、孫文が同志たちになかなか理解されにくいといっているように、同盟会の内部でも、「地権の平均」としたり、土地国有としたり、また「社会主義」としたりで、表現や内容はかならずしも一致していなかった。

「軍政府宣言」において明示された「地権の平均」は、その説明によれば、革命後に地価を査定し、そのときの地価は地主の所有に属するが、その後の社会の改良進歩による地価の増加分は国家に属し、国民がともに受けるところとする、とある。この「地権の平均」という考え方は、経済上の社会的平等を求めながらも、現存の社会関係を変革するものではなかった。ついで『民報』一周年記念大会講演では、民族革命・政治革命を実行すると同時に、社会経済組織の改良方法、土地問題の解決を考え、将来の社会革命を防ぐことが最大の目的であるとして、民生主義が社会革命の防止策であることを明らかにした。ここにおいて、孫文は、民族・民権の問題とともに、社会問題の解決がいかに重要であるかを強調し、それにはまず土地問題が解決されなければならないとして、「軍政府宣言」と同じ趣旨の「地権の平均」の説明をしている。かれが問題にした土地問題は農村における土地問題ではなく、都市の発達による貧富の対立激化を予想しての土地の国家管理問題であった。

孫文は、「地権の平均」という経済政策を、アメリカの経済学者ヘンリー＝ジョージが『進歩と貧困』という著書で主張した土地国有論・地租単税論からヒントをえて考えだした。

孫文がロンドンに亡命していたころ、ヘンリー＝ジョージの思想はイギリス思想界に大きな影響を与えていたし、また孫文が来日した一八九七年ごろ日本の思想界でもジョージの影響は大きく、さらに孫文が親しくしていた宮崎寅蔵《とらぞう》(滔天《とうてん》)の兄民蔵《たみぞう》はジョージから思想的影響を多くうけた人物であった。これらのことからみれば、孫文はジョージの思想から直接、間接に影響を受けたことが考えられる。

ジョージは『進歩と貧困』において、土地私有を社会的弊害の根源とし、この根源を除去するには、土地私有を有名無実にするため全地代を地租として社会に収め、労働と資本とへの課税であるあらゆる税金を撤廃せよ、と地租単税論を主張した。イギリスの経済学者ジョン＝スチュアート＝ミルは地代は社会によって生み出されたにもかかわらず個人の所得となっているのは不労所得であるとし、将来における地代の増加分には課税し、これを国費の一部にあてよと主張した。ジョージはミルの主張をうけつぎ、これをさらに極端化して個人による地代の取得を廃止せよとのべた。資本主義経営を行なうために資本家が土地取得のために投下する資本は固定化して利潤を生まない。ジョージは土地への資本投下部分をなくして、資本家の利益を向上させ、資本主義のいっそうの合理化・発展をはかろうとしたのである。この意味で、ジョージの学説は土地独占を廃して資本主義経済を促進する学説であった。孫文はこの学説の影響をうけて、社会政策として「地権の平均」をつくりかえた。

孫文の「地権の平均」はジョージの影響を否定すべくもないが、ジョージが地代を全面的に取りあげるのに対し、孫文が地価を確定してのち、その後の地価の増加分だけを国家に収めるというように、両者には差異がみられる。

この「地権の平均」政策は、地主の土地所有権を保存し、地主の利害に反しない程度に行なおうとするものであり、地主・小作の関係は問題にされず、貧農らの土地に対する要求に答えるものでもなく、封建的土地所有に反対するものでもなかった。したがって、一般の農民には直接なんの関係もなかった。

## 試練に立つ三民主義

### 五族協和

孫文は辛亥《しんがい》革命で一応民族主義は成功したと考えるにいたり、中華革命党(一九一四年組織)の綱領は民権主義・民生主義の二民主義だけをかかげ民族主義を掲げていない。また、中華

臨時大総統就任式

革命党宣言のはじめには、「わが党は辛亥《しんがい》革命により、国体と政体を変革してのち、共和制を強固にして、民権・民生の両主義を実行することをその任務とした」と明記している。

だが、この間一九一二年「臨時大総統就任宣言」などにおいて辛亥《しんがい》革命前の民族主義とはちがった内容の「民族主義」を提唱した。それは対内問題としての民族主義である。孫文は、五族(漢人・満州人・モンゴル人・回教徒・チベット人)の協和を唱えて、単なる「種族革命」=漢民族の独立だけでなく、国内諸民族の統一を強調した。これが、孫文のいう消極的民族主義である。この宣言の中には、「国家のもとは人民にあり、漢・満・蒙(モンゴル)・回(回教徒)・蔵(チベット)の諸地を合せて一国とし、漢・満・蒙・回・蔵の諸族を合わせて一人とする。これを民族の統一という」とある。一九一二年九月北京《ペキン》の蒙蔵統一政治改良会での講演「五族協和の真義」では、「今日この会に、モンゴル・チベットの同胞が一堂に集まったことは、実に未曽有《みぞう》の盛挙であって、感激に耐えない」といい、国内諸民族が国家の主体、共和国の主人となって、国政への参政権を取得したことなどを強調して、協和の意義を説いた。また同月の五族共和会合進会・西北協進会では、「五族の協力は全世界人類の利益を謀《はか》るものである」という題で講演し、つぎのようにのべた。

たいてい革命がおこるのは種族・政治の両問題からであり、革命の目的は自由・平等・博愛を求めるのにある……わが国昨年の革命も、種族革命であり、政治革命である。なぜかといえば、いぜんには漢・満・蒙・回・蔵の五大族中、満族が優位を占め、絶対の権力を握って、その他の四族を圧迫し、満族は主人であり、他の四族はみな奴隷であって、種族間の不平等は極点に達していたからである。その種族の不平等は自然政治の不平等となり、その結果革命がおこった。……わが国昨年の革命の影響は全国に及んで、わずか数か月の短期間で大成功した。いま五族は一家となり、平等の地位に立ったのであるから、種族的不平等の問題も、政治的不平等の問題も同時に解決し、永久に紛争を起こすことはなくなった。今後五大民族に望むことは、心を同じくして協力し、共に国家の発展を策して、中国を世界第一の文明大国にすることである。これはわが五大民族が共同して負わねばならない大責任である。

このような五族協和の主唱は、国内諸民族の協和と統一とをめざすものであり、さきの時期における「滅満興漢」をスローガンとする漢民族主義とは異質のものであり、民族主義思想の新しい内容であった。

### 協調外交

孫文が、清《しん》朝打倒が成功して「民族主義」の要求は達成されたと考えたということはさきにふれたが、当時かれは大変楽観的であった。民族の真の独立は帝国主義の侵略を排除して、主権を回復しなければ不可能であるのにもかかわらず、まったく帝国主義に反対する思想がみられない。それどころか、かえって、帝国主義諸国と妥協・協調して、国家の建設を行なおうとしたのである。孫文からみれば、民族の発展・独立を獲得するうえで大きな障害であったのは清《しん》朝であるとしていたから、その清《しん》朝が崩壊して民国が成立したことは民族主義の達成とみなされたのである。辛亥《しんがい》革命後の対外政策も、同盟会の対外政策綱領以上にでるものではなかった。

一九一二年一月、臨時大総統孫文はすべての友好国に「宣告書」を送り、中華民国に対する承認を要請し、その対外政策の趣旨を説明した。㈠革命前に清《しん》朝政府が各国と締結したすべての条約は、すべて有効であることを認め、条約期間の満了期に条約を解消する。革命後に締結された条約はその効力を認めない。㈡革命前に清《しん》朝政府が借りた外債および承認した賠償金に対しては、民国は償還の責任を負い、その条件を変更しない。革命軍の蜂起後のものは承認せず、また以前に借款契約を結び、革命軍の蜂起後に交付したものもまた承認しない。㈢革命前に清《しん》朝政府が各国政府および各国人に譲与した種々の権利は、民国政府もまたこれを尊重する。ただし、革命軍の蜂起後のものは承認しない、などとある。この「宣告書」は新政府を各国に承認してもらって、種々の利益と特権とを獲得し、各国と相互提携していこうとするものであったが、各国からの応答はなかった。それもそのはず、帝国主義列強は、袁世凱《えんせいがい》を、かれらの忠実な代理人として選んでいたからである。

21か条についての
アメリカの漫画

一九一五年、日本政府は袁世凱《えんせいがい》政権に対して二一か条の要求をつきつけたが、それにさえも孫文は従来の考え方、帝国主義との妥協・協和を堅持して変えなかった。一九一七年アメリカむけに英文で書いた『中国の存亡問題』では、一部の人が二一か条の要求は日本が中国の利益を独占するもので侵略であるというが、「二一か条の要求は、袁世凱《えんせいがい》が日本に提出させ、自分の帝位就任の交換条件としたもので、日本が自発的に中国に強制したものではない」とのべ、日本を弁護するとともに日本と中国との提携の必要を説いて、「今日中国の友好国は、日本と米国以外には求められない。日本と中国の関係は、繁栄するも滅亡するもいっしょであって、日本がなければ中国もなく、中国がなければ日本もない。両国百年の繁栄を謀《はか》ろうと思えば、両国の間にすこしの不和も存在させないことが必要である」といっている。

### 民権と地方自治

五四運動のとき学生が孫文に支持を求めてきたさい、孫文は力がないから援助する方法がないと返事した。孫文は軍閥《ばつ》が独裁政治を実施し、また軍閥《ばつ》どうしが勢力争いの武力衝突をくりかえしていた現状を救う方法として二つの方法を考えていた。㈠合法国会を回復して政治を正す方法と、㈡革命を再開して根本的に改革する方法とである。かれは、第一の方法がだめならば第二の方法をとるという二段構えの方針をもってはいたが、当時においては、第一の方法すなわち国会回復の方法がよりよい方法であり、またそれは実現可能な方法であると考えていた。孫文にとっては二一か条問題にしても、北方軍閥《ばつ》に廃棄を要求することよりも、国会に政治・外交権をとりもどすことが先決であった。

袁世凱《えんせいがい》が国会を破壊し、臨時憲法を蹂躙《じゅうりん》したのち、孫文らの民権闘争は国会擁護運動に集中した。どうしてかといえば、制限選挙にもとづいた国会は、かならずしも十分に民意を表現してはいなかったが、とにもかくにも国民の参政権を表現していた唯一の機関であったからである。国会を破壊した軍閥《ばつ》に反対し、国会の機能を回復する民権擁護闘争、この一〇年におよぶ苦難の政治闘争は、孫文が実践活動の形で主張した民権主義思想であったといえる。しかし、それだけに、中央政府の構成方法に関する理論は深められることはなかった。

中国の歴史上はじめて出現した民権機関、国会があえなくくずれさった現実に直面した孫文は、確固不動の民主政治を樹立するための憲政上の方策を追求して、それを地方自治に求めた。地方自治の問題は辛亥《しんがい》革命前に構想した革命方略の「約法の治」の内容でもあって、孫文は地方自治の重要性を強調するとともに、「直接民権」(国民の直接的な参政権)の思想を導入することによって、地方自治論を発展させた。かれは「もし地方自治が発達しておれば政治は完全となり、国家は強固になる」と語り、また「地方自治は建国の礎石である」と題した講演(一九一六年)では「いま中華民国を確固不動の国家にするには、その基盤を人民のうえに築くべきである。政府から建設しないで人民(地方自治)から建設すべきである」とのべている。この講演で、かれは「直接民権」について系統的に論じ、一九一三年にアメリカが採用した罷《ひ》免権(リコール権)・創制権(法案修正権)を含めた地方自治制度と、古くから直接民権を採用しているスイスの民権制度を紹介して、これを中国にも適用すべきだとした。

孫文の「直接民権」とは、県を単位とした地方自治制度を施行し、県民が県政に直接干与する権利をいい、選挙権（県知事・県会議員・官吏の選出）・創制権（法案修正権）・複決権（重要問題についての投票による決定権）・罷《ひ》免権（官吏をリコールする権利）の四権である。県政の施行に当たって県民の直接的な参政権を大はばにとりいれ、「全民政治」を実行しようとする考え方である。孫文は、四種の「直接民権」が具体的な民権であり、これを実行することが真正なる民権主義であるとのべている。中央政府はこのような自治的な県を基礎に構成され、最高の国家機関として設立された国民大会は各県から一名の代表によって構成するものであり、このような政治組織によって主権在民の原則が十分に貫徹されるものとした。民主主義政治論における重要な理論的進歩であった。

著述中の孫文

孫文は、一九一七年に『民権初歩』（建国方略第三部、社会建設）を著述し、会議進行上の細かい技術についてのくわしい啓蒙的な紹介をまとめた。かれの意図は、民国の前途は民権の発達いかんにあたり、民権の発達は多数人の意志を結集することからはじめなければならない。それを行なうには集会が出発点である。したがって、集会は実に民権発達の第一歩である。しかしながら、中国の現状をみると人心はバラバラで砂のようであり、集会の原則・進め方・習慣・経験はまったくない。だから欧米の議会での会議技術について紹介する、というところにあった。

## 民生主義の変化

民国元年（一九一二年）四月の同盟会解散式にのぞんだ孫文は「中華民国が成立して民族・民権の二つの主義が達成された。ただ民生主義だけはまだ着手されていない。われわれは今後この実行に努力しなければならない」と演説した。かれは「国利民福」をはかるための民生主義政策に本格的にとりくむべき時がきたと考えたのである。

辛亥《しんがい》革命までの民生主義は社会矛盾を予防する手段として「地権の平均」だけを掲げていたが、一九一二年一二月の講演で、かれは民主主義の内容をひじょうに豊富なものとした。すなわち、かれは民生主義の四大綱領として㈠資本の節制、㈡地権の平均、㈢実業・鉄道の振興、㈣教育の普及をかかげた。この四綱領のなかには、中国の資本主義化を促進して経済的な繁栄をはかる政策と、資本主義化によって発生する社会問題を解決するための社会政策との、二種類の政策を含んでいる。民生主義が、新しく産業開発と教育普及との内容を含むこととなったこと、および社会政策のなかに新しく「資本の節制」をとりあげたことは、民生主義が国民生活全般の問題をとりあげることになった新しい点である。

孫文は産業開発のぼう大な計画をもっていて、講演や談話で機会あるごとに発表したが、その構想をまとめたのが『実業計画』（建国方略第二部、物質建設）である。その大要はつぎのように全国の各産業部門の近代化をはかろうとする雄大なプランである。

一　交通運輸の開発

(イ)　鉄道一〇万マイル

(ロ) 舗装道路一〇〇万マイル
(ハ) 運河の修理・開発
(ニ) 河川の修理
(ホ) 全国にわたる電信・電話・無線電信

二 港湾の開設
(イ) 中部・北部・南部にニューヨーク港なみの大開港場設置
(ロ) 沿岸の通商港・漁港の開設
(ハ) 通航河流沿岸に埠頭《ふとう》の建設

三 鉄道中心地・終点、開港場での近代的都市の建設

四 水力電気の開発

五 製鉄所・セメント工場の開設

六 鉱山の開発

七 農業の開発

八 モンゴル・新疆《シンジエン》地方の灌漑《かんがい》

九 北部・中部地方の植林

一〇 満州・モンゴル・新疆《シンジエン》・青海《チンハイ》・チベットへの移民と開墾

資本主義の発達を促進すれば必然的に資本主義の矛盾が発生して社会問題となる。だから産業開発の推進と、社会政策とは裏腹の関係で平行して進められなければならない。社会矛盾を解決する方法として、孫文は従来からの主張である「地権の平均」を主張するとともに、あらたに「資本の節制」を提唱した。

「地権の平均」の内容について、孫文は

(一) 地価に応じての課税(地主に地価を申告させ、価格の高低に応じて累《るい》進的に課税する)

(二) 土地買上げ(必要な時に、登記した時の価格にてらして国が買収する)

の二つの方法をあげ、この政策によって地価の高騰と土地集中とを防止できるとした。

新しく提唱した「資本の節制」とは、簡単にいえば大資本家の出現を防止する政策である。孫文が、ある講演で「幸にもわが国にはまだ大資本家がいないが、産業が発達して大資本家が出現すれば、欧米諸国のように不平等が発生して社会問題が発生する。だから、いまから『資本の節制』を実行して、貧民が大資本家に圧迫されないようにしなければならない」とのべているように、大資本家が出現して利益を独占し、その弊害として社会問題が発生しないよう予防する政策である。では具体的にどのような政策を考えていたのか。

「民生主義と社会革命」という講演で、孫文は、その弊害を防止する方法は「国家社会主義」の採用であるとのべ、ドイツが鉄道・電気・水道などを国有化し、私的な独占を禁止している例をあげた。孫文は「国家社会主義」という表現をつかっているが、このような政策は正確には国家資本主義というべきであり、「資本の節制」という政策は大企業の国有化政策を意味した。このような政策が、ほんとうに実現できるか、もし実現できたとしても、ほんとうに社会矛盾を防止することができるのか、という問題については、孫文はまったく考慮しなかった。孫文は、ひじょうに単純に、資本主義の発達と社会政策とが調和して進行しうるものだと考えていたのである。

民生主義の問題は、ゆたかな内容をもつようになったが、かれが精力的に宣伝したのは民国元年だけである。その後は国会擁護の政治闘争に没入せざるをえなかったので、三民主義の重点は民権主義に移った。

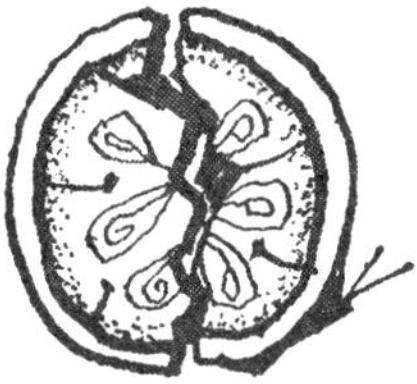

## 新しい三民主義思想

### 旧三民主義からの脱皮

### 反軍閥《ばつ》・反帝国主義

一九二〇年八月、アメリカ議員団歓迎の席上で行なった講演「中国問題解決の方法」では、かれの対日観に変化をみせた。そこでは、二一か条条約は「実は中国人から起こったものである。袁世凱《えんせいがい》が故《こ》意に日本にこれらの特権を承認し、日本が袁世凱《えんせいがい》を援助して中国の皇帝とする代価としたのである」としながらも、この条約のもとでは中国の主権を完全に日本に譲渡することと大差ないことになり、中国が日本の付属国となってしまうことは、さきに日本が朝鮮で用いた方法と同じであって、日本の軍閥《ばつ》は中国の軍閥《ばつ》を利用して中国を征服しようとしている。「われわれ革命党はひとりのこらず二一か条条約の廃棄まで戦うであろう」とのべて、日本帝国主義の侵略的本質に気づきはじめ、従来のかれの対日姿勢を転換させた。孫文自身は五四運動とは直接関連をもたなかったが、日本が孫文の政敵であった段祺瑞《だんきずい》に積極的な援助をした事実と、五四運動の排日感情のもりあがりは、かれをして対日姿勢を転換させつつあったのである。

一九二一年になると、「国会擁護運動は決して根本問題を解決しえない」とし、国会擁護は北京《ペキン》政府の違法行為を矯正《きょうせい》するにすぎないもので、その目的を達しても、中華民国にはなんら益するところがない、国会擁護ということは国内の一問題であって、対内的には北京《ペキン》政府を認めて中央政府とし、対外的には国際上なんらの効力も発揮しえないものであるとして、国会擁護運動の継続について反省を行なった。それは、中華民国の基礎を強固にするには、北京《ペキン》政府を打倒して正式な政府を建設すべきであるという結論にみちびくものであった。このことは、孫文が封建反動勢力の徹底的否定に近づき、まえにあげた救国法の第二の方法、すわなち革命事業を再開して根本的改革を行なう方法をとるにいたったのであり、それはその後の反軍閥《ばつ》をめざした北伐開始へと展開していくのである。そして、一九二二年の陳烱明《ちんけいめい》の反乱とそれにたいする反省が過去「臨時憲法の遵守《じゅんしゅ》、国会の尊重、兵力の削減などの主張を軍閥《ばつ》に行なった」運動方針を最終的に、徹底的に転換さす契機となった。

ここに、五族協和という対内問題を意味した民族主義の内容から対外問題として民族主義への発展がみられ、帝国主義の侵略に反対する新しい内容をもつようになることとなる。講演「三民主義の具体的弁法」（一九二一年）では、「民族主義は今日なお完全に目的を達していない」とし、満州・モンゴル・チベットはそれぞれ日本・ロシア・イギリスの勢力範囲内にあって漢族の援助を必要としているとして、漢族を中心として、満・蒙・回・蔵の四族を同化して中華民族国家を建設すべしとする積極的民族主義をうちだすと同時に、帝国主義の侵略に反対して主権を回復する民族主義を表明した。それまでは同盟会の「対外宣言」を継承して、不平等条約、清朝政府の外債と莫大な賠償金の支払い、各国の特権を再確認していたが、一九二二年の講演「軍人の精神教育」の中では、税関が外国の掌握のもとにあり、条約によって束縛をうけ、領事裁判も撤廃されず、威海衛《ウエイハイウエイ》はイギリスに、旅順《リューシュン》は日本に、青島《チンタオ》はドイツにドイツ敗戦後日本にと、外国の侵略を蒙《こおむ》っている現状から、「民族主義を堅持して、すでに失われた土地と国家主権を回収すべきである」とさけんだ。はっきりと帝国主義反対のスローガンを掲げたわけではないけれども、かれの発言の内容そのものは帝国主義反対の具体的内容をさすものであった。「危機を救う方法は外国のあなどりを防ぐにはまず内乱を平定することよりはじめるべきである」と民族の統一と団結とを強調するのも、対外的な不平等を打破する目的をもったものであり、孫文の思想のなかに、民族問題と国内民主化問題とを不可分のものとする認識が明確な形であらわれはじめた。このような帝国主義への態度に対して、軍閥《ばつ》にたいする闘争は「当然革命の手段を用うべき」の対象として指摘され、香港《ホンコン》大学での講演「革命思想の生産」(一九二三年)では、革命に反対する諸勢力である満人・官僚・軍閥《ばつ》をことごとく排除すべきであるとした。孫文自身は一九二四年国民党第一回全国代表大会において、国民党としては「中国国民党改組宣言」(一九二三、一一)において、帝国主義反対・軍閥《ばつ》打倒のスローガンがはっきりと出されてくるのである。

一方、一九二一年に成立した中国共産党は、その翌年には、すでに帝国主義と軍閥《ばつ》の中国支配を認識して、軍閥《ばつ》打倒・帝国主義の侵略反対のスローガンをはっきりとかかげた。そして、機関誌『嚮導《きょうどう》』などで国民党を批判しながらも、国民革命の母体としての国民党の成長を期待していた。そこに、反軍閥《ばつ》・反帝国主義の連合戦線が成立するのである。

## 直接民権制

「直接民権」が問題となったのは、講演「三民主義の具体的弁法」(一九二一年)においてである。かれは代議制度は真正なる民権ではなくて、「直接民権」すなわち選挙・罷《ひ》免・創制・複決の四権こそが真正の民権であるとのべ、また「十数年前、わたしは『革命方略』一書を著《あらわ》し、地方自治において、県知事の民選を主張した。現在広東《カントン》の県知事はすでに民選を実行し積極的に民治を提唱している」が、広東《カントン》の人民は民選を実行する程度には達していないようであるから、民選を行なえばいたずらに混乱させるだけである。だから一般人民をすべてその程度に達せしめてから民治を実行すべきであり、いまのところでは宣伝工作を行なうべきであるとした。すなわち、国会擁護運動の反省から「直接民権」を問題としたのである。

こうして、ここに行政・立法・司法・考試・監察の五権＝治権の政府権に対して、選挙・罷《ひ》免・創制・複決の四権＝政権の人民権の構想が成立したわけである。それは第一次大戦いごにおける民族資本家階級の発展、五四運動いごにおける一般大衆への関心が反映して、地方自治制度を憲政の基礎とするという考え方に自信をもたせたのである。五四運動いごになると、孫文は新しい時代の動きを感じ、国内大衆の心理に「覚醒する」傾向がみられるといっているし、「海外同志への書」(一九二〇年)で、「わが党が革命の成功を収めようとすれば、かならず思想の変革によらなければならない」として、最大最新の印刷機械をつかって民衆への宣伝をつよめ、新文化運動を展開する必要性をといた。こうして、広州《コワンチョウ》における講演「平和的統一は兵士を労働者とすることである」(一九二三年)では、軍閥《ばつ》の地盤争奪の現状から、「統一の方法としては、世論と武力との二つの方法がある」が、国民大衆は内戦を厭《きら》っているから、世論を後楯《うしろだて》とし、武力を基礎として、平和的統一をなしとげなければならないとし、「武力と世論とがあれば、今回の革命はかならず成功ずる」とのべている。一九二三年一一月の国民党改組に際しての講演では、「人民の心力」と武力との関連を論じたが、そこでは「今回のわが党改組の唯一の目的は、ただ単に兵力にたよるだけでなく、わが党自身の力にたよろうとするのにある。わが党自身の力とは、人民の心力である。わが党は今後人民の心力をわが党の力とし、人民の心力を用いて奮闘しようとする。人民の心力と武力とは、二者平行しうるものであるが、両者の間は究極においていずれを基礎とすべきであるか。いずれが最もたよるにたるべきものであるか。当然人民の心力を基礎とし、最もたよるにたるものとすべきである」とのべた。孫文が「人民の心力」というものは、たんなる一般的な、つかみどころのない世論というようなものではない。国民党によって組織された人民の力であり、国民党の革命方針と運動とを積極的に支持する民衆にほかならない。いままでの武装蜂起や軍閥《ばつ》の武力にばかり頼って、革命勢力としての民衆を無視していた運動方針を反省して、民衆の団結した力を革命運動の基盤としはじめたのである。

このように、この時期には軍隊から国民大衆へと党と革命の基礎を移す動きがみられる。その国民大衆とは、資本家・小資本家から農民・労働者を含むものである。

革命運動における民衆の役割を重視する考え方は、とうぜんの結果として政策のなかに民衆の利益を増進する内容を含ませることとなる。したがって、民生主義は民衆の生活問題を解決する内容をもったものとして変化せざるをえない。辛亥《しんがい》革命の直後のころ、孫文は民生主義は「貧富を平均する主義ではなくて……」と語っていたが、一九二一、二年ごろになると、「民生問題が解決しなければ、社会における貧富はなくならない」とか、民生主義は社会の不平等を打破するものであるとか、のべるようになり、民生主義を民衆の生活問題として再構成する方向に思想転換をはじめた。

## 新しい三民主義

### 民族の解放と統一

国民党改組の時期には、三つの主義はがっちりと組み合わされ、いずれもが重視された。いぜんのような、清朝《しん》の打倒(民族主義)→共和国の建設(民権主義)→「地権の平均」と「資本の節制」の実施（民生主義）という順次的展開ではなく、民主主義革命を遂行していくために、三つの主義が同時に実践されなければならなかった。

まず民族主義についてみる。新しい方針を提示した一九二四年の国民党第一回全国代表大会宣言は、民族主義の内容を㈠中国民族みずから解放を求めることであり、㈡中国国内の各民族がすべて平等であることである、と規定している。そして、民族解放の闘争は帝国主義反対を目標として、国民党と多数の民衆すなわち知識階級《インテリゲンチュア》・農民・労働者などがかたく団結して、民族の真の自由と独立を達成しなければならないとし、そのためには国内各民族の自治を承認して、それら諸民族と組織的に連絡をとり、帝国主義と軍閥《ばつ》とを打倒

国民党第1回全国代表大会

して、国内諸民族が連合した中華民国を組織しなければならないするものである。ここに、民族主義は対内的にも対外的にも理論的に深まってきたのである。このような見地に立って、かれの理論をはじめて系統的に詳しくのべたのが、一九二四年の『三民主義講演[1]』の第一講「民族主義」である。この『民族主義講演』を中心にして、国民党改組後の民族主義思想をみていこう。

三民主義とは救国主義のことであり、民族主義とは「国族主義」でもあるといっている。その民族＝「国族」とは、一つの民族がいくつかの国家をつくったり、一つの国家の中にいくつかの民族があったりする場合でなく、中国のように、一つの民族が一つの国家をつくった場合であるという。すなわち、四億の中国民族の中に、数百万のモンゴル人、百余万の満州人、数百万のチベット人、百数十万の回教徒がいたにもかかわらず、「四億の中国人は全く漢人であるといってよい。同一の血統、同一の言語文字、同一の宗教、同一の風俗習慣をもち、まったく一つの民族である」とする。スターリンは、民族とは

1) この講演は、孫文自身が序文でのべているように、「準備の暇もなく、それに参考書もないなかで、壇上にのぼって即席にしゃべったものであるから」、内容に不十分な点や、国民党第一回全国代表大会の宣言・決議の内容と矛盾している点もある。

「言語・地域・経済生活および文化の共通性のうちにあらわれる心理状態の共通性」を基礎として、歴史的に構成された強固な共同体であるとのべているが（マルクス主義と民族問題）、孫文の民族という概念は、ほぼスターリンに近い内容をもっており、民族の問題を「種族」の問題とはちがった問題としてとらえた。

　中国の国際的な現状については、つぎのように分析して、ナショナリズムの問題を提起した。政治的・経済的圧迫を深くうけて、中国は一国の植民地だけでなく、各国の植民地になっており、したがって一国の奴隷だけでなく多数国の奴隷となっていることを指摘して、植民地よりもっとひどいのであるから、中国を半植民地だというのは間違いで、「次植民地」（植民地以下）とよぶべきだという。帝国主義の経済的侵略の面については、税関は外国人によって管理され、銀行や海運も外国の進出を受けてかれらに支配され、租界（居留地）や割譲地で租税・地代・地価の損失を蒙《こおむ》っており、外国商人の特権的営業のために経済的権利の損失を受けるなど、経済的圧迫は非常にひどいものであるとして、帝国主義的経済侵略を的確に指摘している。

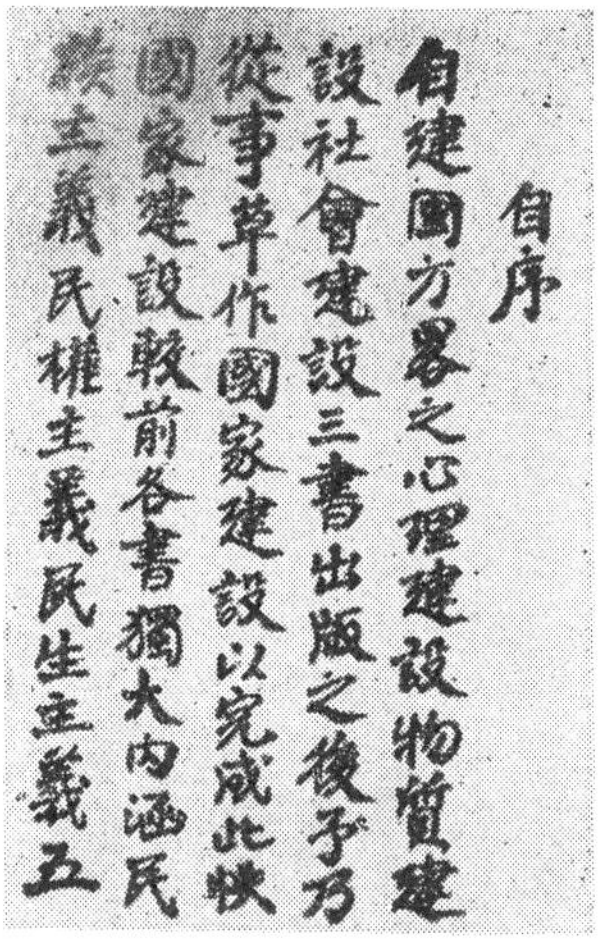
自序
自建國方畧之心理建設物質建設社會建設三書出版之後予乃從事草作國家建設以完成此帙國家建設較前各書獨大内涵民族主義民權主義民生主義五

民族主義「序」の原稿

　そこで、外国の政治的・経済的圧迫を蒙《こおむ》ったのはなぜかと問い、それを民族主義の喪失に求めた。民族主義を失った原因は、㈠異民族に征服されたことによって、異民族により民族主義の消滅がはかられたこと、㈡中国歴代の国家が世界主義（孫文のいう天下主義）をとなえて、弱小民族を征服してきたことにあったという。いいかえれば、中国の社会一般に世界主義の考え方が生じていたために、満州民族が中国本土に侵略しても、だれも抵抗せず、全国は滅びてしまったというのである。

だから、かれはいう。近来世界主義をとなえて、民族主義は世界の潮流に合わないとする新青年が多いが、政治的・経済的圧迫を受けている現状からすれば、この考え方は妥当ではない。まず、各弱小民族が連合して、正義にもとづいて列強の強権を打破することだ。そののち、はじめて世界主義を口にしてもよいと。かれは、救国の方法として、おおいに民族主義をアピールし、民族独立のために、民族主義意識をよみがえらせようとしたのであった。

**民族主義意識をとりもどす方法**

かれは民族主義意識をとりもどす方法として、三つのものをあげている。(一)政治的・経済的・人口的圧迫を受けてきわめて危険な地位におかれていることを、四億の人びとすべてが知ること、(二)家族団体・宗族団体のような中国固有の団体を利用して、みんながまとまり、一つの大きな「国族団体」をつくること、(三)中国固有の道徳をとりもどすこと、の三つである。

第二の点についていえば、中国人は家族と宗族（同一祖先の血族集団）の団結力がひじょうに強く、宗族を守るためには、一身一家をさえ犠牲《ぎせい》にするけれども、その団結力の範囲は宗族までで、「国族」までにはいたっていなかった。孫文は中国に現存する血縁的な集団を基礎にして民族的団結が実現できると考えたのである。第三の点は、民族と国家を維持する根本問題として「道徳」を持ち出し、文化的・思想的伝統の優秀性を自覚させて民族的な誇りを回復させせようとしたものである。「新しい文化に酔った一般の人びとは、古い道徳を排斥し、新しい文化があれば古い道徳はなくてもよいとする」が、「わが固有のもので、よいものなら当然保存すべきであり、よくないものだけを棄てるべきである」という。固有の道徳として、忠孝・仁愛・信義・平和をあげ、これこそ民族精神にほかならないとする。孫文があげた徳目は古来の解釈でいっているのではなく革命的な内容のものである。たとえば、「忠」についていえば、君に「忠」なのではなく、「国に忠であり、民に忠であり、四億の人に忠をはげむべきである」としていることからもわかる。さらに、固有の知識・能力を問題にし、固有の道徳・知識・能力をとりもどしたのちには、欧米の科学を学ばねばならないとした。

民族主義意識をとりもどして外国に抵抗する方法は、㈠積極的方法として、民族精神をふるいおこし、民権・民生問題の解決をはかること、㈡消極的方法として、「非協力」を実行することをあげている。この考え方は第一回全国代表大会宣言の民族主義問題についての方針とかなりくいちがっている。帝国主義に反対する内容をもった民族主義を実現する具体的な方法については、孫文自身まだはっきりした構想をかためていなかったからであろう。孫文は最後の日本訪問のとき(一九二四年)、関税権の回収と治外法権の撤廃を中心とする不平等条約廃棄への支援を日本に希望したが、「大アジア主義」と題された講演においても、「西洋覇《は》道の犬となるか、東洋王道の牙《が》城となるか」として、不平等条約廃棄の運動を支援するかどうかを日本人に迫った。その場合、ヨーロッパ文化は覇《は》道の文化（武力の文化）であるが、アジアの文化は王道の文化（仁義道徳の文化）であるとし、東洋の道徳を高く評価し、仁義道徳を基礎として、不平等をなくしなければならないとした。

民族主義と民族の独立した地位とをとりもどしてのち、中国の責任は弱小民族を助け、列強の帝国主義に抵抗するにあり、固有の道徳と平和とを基礎にして、世界の対立を除き、一つの「大同の治」（理想社会）をつくらねばならないとした。ここには、奴隷主になることによって奴隷状態を脱する道を否定して、奴隷主である帝国主義に反対して奴隷状態を脱する道をとろうとしていることがあきらかになる。そこに、「奴隷」（被圧迫民族・被圧迫階級）たちの連帯と統一による自由と独立をかちとる道が開けてくるのである。

### 民権主義と自由・平等

つぎに、民権主義についてみると、第一回全国代表大会宣言では、「国民党の民権主義は、間接民権のほかに直接民権を行なうものである。すなわち、国民たるものは選挙権を有するのみでなく、同時に創制・複決・罷《ひ》免の諸権を有する」とのべ、また五権分立主義の採用を主張した。国民党改組前とくらべてことさら新しいものではないが、真に帝国主義に反対するもののみが民権を持つのであって、民国に反対し帝国主義と軍閥《ばつ》に忠勤をはげむものには授けられないと、帝国主義と軍閥《ばつ》との関連で民権を所有し行使する主体を明確化した。

孫文は『三民主義講演』において、民権主義を理論的に総括した。かれは、「民権」とは人民の政治の力であり、民権革命とは、人民が皇帝と政権を争うものであるとし、民権を主張して、皇帝になろうという思想をとりのぞかなければならないとした。いままで、大志をいだいた人は、皇帝になろうという野望をもち、そのために仲間同士の争い、戦争が歴史上多く発生したとして、皇帝思想の排除、民権の伸張を説いた。

かれは、民族・民権・民生の三つの主義を、フランス革命のスローガンである自由・平等・博愛と対比させて、民族的自由・民権的平等・民生的博愛を説明する。まず「自由」についてみると、かれは次のようにみている。外国では、ここ二三百年来専制に対して、自由を争いとるために戦争し、その結果として民権を得た。しかし、中国では「自由」という思想が近来つたわって、一部の学者だけがそれを理解し、多くの人びとはまったくわかっていない状態である。それは、中国では専制君主が残酷な圧政を行なったにもかかわらず、直接には普通の人民にまでは達しておらず、受けているのは間接の苦しみだけであったからである。すなわち、人民はだれが皇帝になろうが租税をおさめさえすれば人民の責任を果たしたとし、政府も人民が租税をおさめさえすれば、ほかのことはさっぱりかまわなかった。だが、今日では外国の政治的・経済的圧迫をうけて抵抗する力もなく、わが国民は貧窮の苦しみを受けるにいたった。このため、今日では「自由」をかちとる問題が発生してきたという。孫文は、中国人

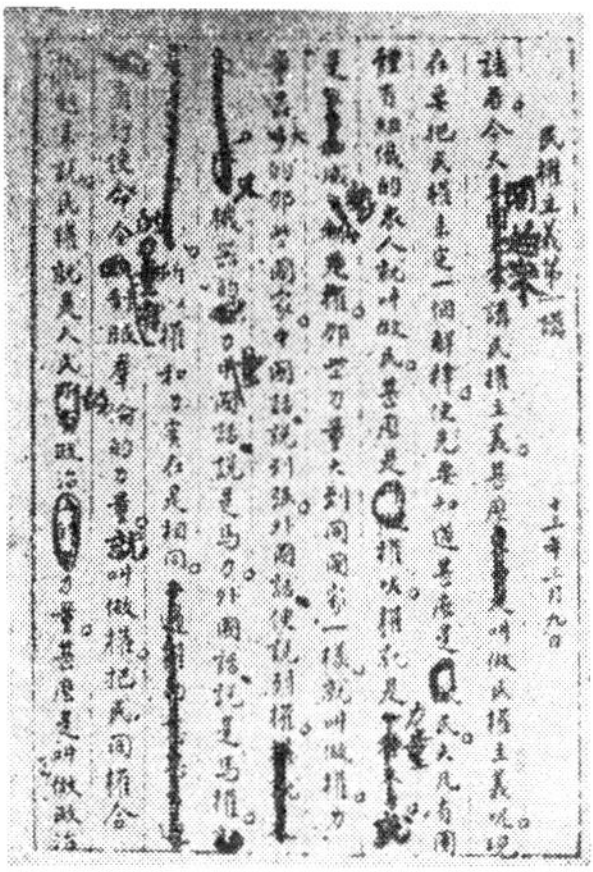

民権主義第一講の原稿

は砂のようにバラバラで団結力がないとした。自由が多すぎるから、バラバラな砂になってしまったのであり、バラバラな砂であるがために、外国帝国主義の侵略を受け、列強の経済圧迫を受け、しかも抵抗できない状態になったのであり、だから革命が必要となったという。各人の「自由」を打ち破って、強固な団体を結成し、国家が完全な自由を得なければならないとして、個人の自由よりも、まず国家の自由回復を問題にしたのである。

皇帝思想を排除して国民の民主的権利を伸張し、民主的な共和国を建設しようとした民権主義思想が、今日の中国で採用されなければならない理由を、孫文は独特の歴史観によって根拠づけようとした。かれは、人類の歴史は、原始時代・神権時代を経過して、いまや民権時代にはいったという。だから、民権主義は歴史の法則だと説明した。

民権という概念の内容について、孫文はひじょうに具体的・実際的に考えた。かれはルソーの天賦《ぷ》人権論（人類平等論）を悪平等論だと理解してこれを否定し、人類不平等論をといた。つまりルソーの『社会契約論』（一七六二年）は、平等を天が人類にあたえた特権であるとしているが、かれは平等は人為のものであって、天が与えたものではないとする。

孫文は、ルソーの天賦《ぷ》論は能力の差を無視して、すべての人を平等なものと見なすことで、これはニセ平等であると批判し、つぎのようにのべた。「社会における地位の平等は、最初の起点の地位が平等であるということであって、あとは各人が天賦《ぷ》の能力にもとづいて、自分でなしとげていくものである。……もし各人の天賦《ぷ》の能力にかかわりなく、後天的になしとげた高い地位までも下におしさげ、一律平等にしたならば、世界には進歩がなく、人類も退化してしまうであろう」として、人為の平等は政治上の地位を平等にするだけのことであり、革命によって各人の政治上の立脚点《スタート》をすべて平等にしなければならない。それこそが真の平等であると。

### 新しい国家の人民と政府

かれは政府の権限と人民の権限とを明確にさせ、有機的に関連させるために、「権」と「能」とを区別する政治論を考えだした。それはヨーロッパやアメリカで人民と政府とが対立して民主政治の進歩がさまたげられているという状況から学び、その解決策として考えだしたものである。

かれは、民権とは人民が政治を管理することであり、共和政体のもとでは人民を皇帝にするのである。だから、四億の人びとはすべて「権」を有し、「能」あるものが政治を管理し国家の事業を行なうものであるとする。「権」と「能」との関係は、卑近な例をあげれば、民国の人民が株主であり、民国の総裁が支配人である、国民が自動車の持主、民国の政府官吏が運転手である、という関係であるという。

この「権」と「能」との分離は、「政権」と「治権」の分離の理論である。かれは政府を管理する権限＝「政権」(参政権)と、政府自身の権限＝「治権」(統治権)とをあげる。参政権とは選挙権・罷《ひ》免権・創制権・複決権という四つの民権であり、国民がこの四権を実行してこそ徹底した直接的民権、全民政治(四億の人間を皇帝にすること)といえるといい、一方、政府にりっぱな仕事をさせるためには、行政権・立法権・司法権・考試権・監察権の統治権が必要であるという。つまり、人民のために仕事をする五つの治権を、四つの政権によって管理することが、完全な民権政府、新しい国家だというのである。人民と政府の力とが互いに均衡しうることによってのみ、民権問題は真の解決をみるとするが、「能」あるものに「真心があれば」という条件がつくように、「権」ある各人がよりよく自覚しておらないと、「能」あるものの独裁にもなりかねない。だから、為政者に「徳」が要求されてくるのである。五つの治権と四つの政権はこの講演いぜんにそれぞれ語られており、ことさら新しいものではないが、ここでは理論的に総括されている。

直接民権は、かれの地方自治論と表裏の関係にある。国民党綱領の対内政策では地方自治の三つの原則をまとめているが、『建国大綱』(一九二四年)においても、「同盟会軍政府宣言」における革命実行の三段階を範にして、軍政期・訓政期・憲政期の三段階を再確認し、民権の実行をより具体的に規定し、地方自治・「直接民権」との関連で語っており、辛亥《しんがい》革命などの失敗の反省とあいまって、再出発を期しているのである。

当時の中国は軍閥《ばつ》の支配下にあったが、孫文は高い理想に燃えて、新しい民主主義政治形態を求めてやまなかった。かれのこの理論は、現代の政治学からすればいろいろ問題になろうが、とにもかくにも、従来の欧米議会制度に対する批判と、民族の独立と統一とを実現して強力な国家の出現を望むことからきているのである。

これまでの民生主義には、農民・労働者の要求はとりあげられていなかったが、第一回全国代表大会宣言では、「地権の平均」と「資本の節制」について説明したのち、農民・労働者に呼びかけた。小作に転落した農民には、国家が土地をあたえるとともに、水利を整備し、荒地を開墾して、農業生産力をたかめ、また高利貸になやまされている農民に対しては、国家が農民銀行などの調整機関を設立して、その欠乏に備えるとし、一方失業労働者には、国家が救済の道をはかり、とくに労働法を制定して労働者の生活を改善する。また養老・育児・廃疾者援護・教育普及などの制度の実現に努力するものとしている。

### 民生主義という社会問題解決の方法

このような、農民・労働者への呼びかけは、全国の農民・労働者の参加によって、国民革命の運動——帝国主義と軍閥《ばつ》への反抗を推進し勝利を獲得しようとする政治方針の現われであった。それはまた第一回全国代表大会において採択した「連ソ・容共・労農援助」の三大政策のうちの「労農援助」を具体的に政策化したもので、これまでの民生主義にはみられなかったものである。ここに、農民問題を含んでいなかった「地権の平均」説は、「耕すものに田を」という土地問題解決策へと発展した。この政策については、『民生主義講演』でもふれているが、広東《カントン》農民運動講習所での訓辞「耕すものが田を所有すべきである」で、よりよく説明している。『民生主義講演』を中心にして、改組後の民生主義についてみていこう。なお、『民生主義講演』は、多忙とその後の肝臓疾患での急逝《せい》により、予定された三分の二しか行かず、未完におわっている。

民生主義の「民生」とは「人民の生活、社会の生存、国民の生計、大衆の生命」のことであり、社会問

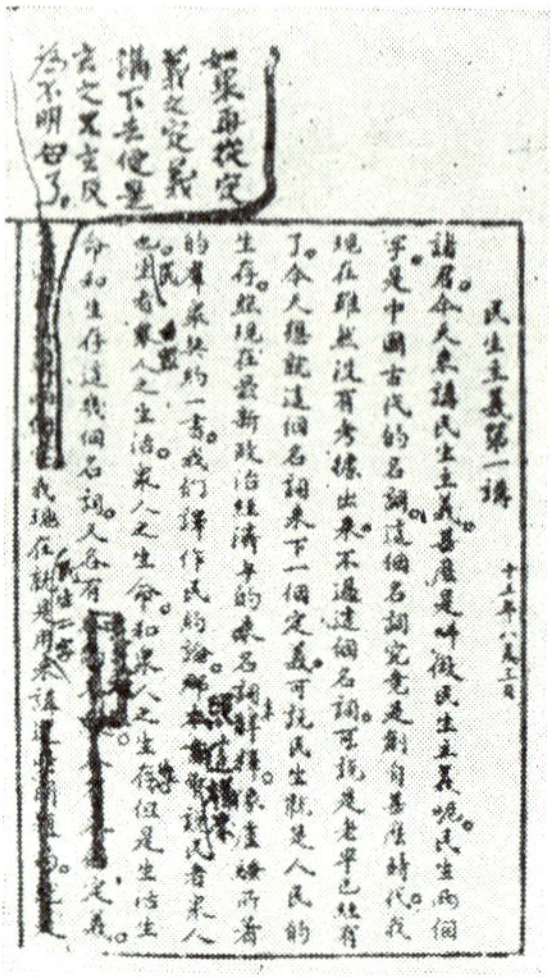

民生主義第一講の原稿

題は民生問題にほかならなかった。だから、民生主義は「社会主義のことであり、共産主義とも名づけられる」と定義するが、民生主義を社会主義とよばない理由を、社会主義といっても諸説紛々《ふんぷん》たるありさまであるので、一般の人がこの人民生計の問題をすぐ理解できるように、また「民生」の二字によって社会問題を包括したほうが「社会」とか「共産」とかいう言葉を用いるより適当であり、わかりやすいからであるという。かれは、主観的には民生主義は社会主義と同じ内容の政策だと考えていたのであろうが、実際には、国家が指導した産業育成と社会政策とを意味した。

民生主義と共産主義の関係については、民生主義の目的は、社会における財産を公平にしようとするものであって、これは「共産主義」の実行であり、二つの主義の目的には区別はなく、区別があるのは、方法についてだけであるとする。ただし、孫文がここでいっている「共産主義」はマルクス主義をいっているのではない。財産の公平な社会という程度のばく然としたものをいっているにすぎない。孫文の主観においては、民生主義は社会主義でも共産主義でもすべて包括し、資本家対労働者、地主対小作人といった狭い意味の社会問題だけを対象とするのではなく、さきの「民生」の定義でもわかるように、広汎な国民の生活問題を対象とし、それを解決する方法である。

かれは、マルクス主義を深く理解しないでマルクスを批判している。かれは、マルクスは歴史の原動力を物質におき、社会進化の原動力を階級戦争においたが、しかし、民生が社会進化の重心であり、社会進化はさらに歴史の重心であり、要するに歴史の重心は民生であって物質ではないとし、社会に進化があるのは、社会における大多数の経済的利益が調和するからであって、衝突するからではないとした。かれの立場は、マルクスの学説は「いっさいの生産の功績をまったく労働者の労働に帰して、社会における他のさまざまな有用分子の労働をおろそかにしている」とマルクスを批判するように、国民生産の発展を労働者だけでなく、否それよりも、資本家階級・小資本家階級・農民などの「有用かつ有能な分子」の社会的分業と、協力とによって保障されると考えていた。だから、たとえ経済的利益の衝突から戦争がおこったとしても、「それは労働者階級と資本家階級との戦争ではなくて、社会全体における大多数の有用かつ有能な分子と資本家階級との戦争だ」という。

## 土地問題と産業開発

かれは、中国の民生問題を解決する方法の一部分として、「地権の平均」と「資本の節制」とをあげる。社会問題の解決方法は各国の事情、資本の発達程度によってそれぞれ違うので、それぞれの実情にもとづいて解決しなければならないとし、中国のように産業がまだ発達していない国では、マルクスの階級闘争論とプロレタリア独裁論とは役立たないから、マルクスの「意」を師とすることはよいが、マルクスの「法」を用いてはならないという。

「地権の平均」という政策内容は「確定地価は依然として地主の私有に帰する」というように、地主の土地所有権を保存し、地主の利害に反しない程度に地価の一部分を国家に収めようとするもので、農民の土地問題とは関係がなかった。一方「資本の節制」については、私人の資本を抑制するだけではなく、国家の資本を発展させることが必要であるというけれども、それは資本家と衝突しない程度におこなおうとするものであり、かつまた外国資本の導入によって国営産業の発展をはかろうという構想も含まれている。これまた直接一般民衆に関係するものではなかったし、外資の導入政策は民族主義と矛盾する政策でもあった。

かれは、単に「地権の平均」・「資本の節制」を論ずるばかりでなく、食糧・衣服などの問題に説き及んで、新たに「耕すものに田を」の原則を明らかにし、土地改革を示唆《しさ》した。つまり、農業生産上、まず農民解放の問題を考えて、農民が一年中苦労して生産しても、その大部分は地主の手に入ってしまうという現実から、農民の権利を保障すべきであるとし、「耕すものに田を」と主張する。「地権の平均」が土地所有者や新興資本家階級の関心の反映であり、貧農を対象とするものではなかったのに対して、「耕すものに田を」の主張は貧農に土地を所有させるという見地が含まれている。ただし、まだ、かれの思想のなかには「もし地主が税を収めなければ、その土地を公有とし、耕す者にその土地を与え、……」というように「地権の平均」という考え方と混同されていたことは事実である。かれは、農民運動講習所での訓辞でも、終わりにあたって、農民と政府とが協力して、農民も利益をえ、地主も損失をうけないようにすることが平和的解決であるといっている。

生産増大の方法としては、機械・肥料・輪作・害虫駆除・精製・輸送・防災の諸問題をあげているが、それとともに、一方では、分配の問題をとりあげた。飯を食う問題を解決するには、まず食糧の生産を十分にし、食糧の分配を公平にして、さらに人民が国家に義務をつくさなくてはならないとする。食糧生産の目標は金もうけにおかず、民を養うことにおかねばならないとし、資本主義が金もうけを目的としているのに対して、民生主義は民を養うことを目標とし、両主義は根本的に違うといい、「民生主義の目的は資本主義制度を打破するにある」とする。しかし、資本主義制度はしだいに改めていくべきで、すぐさま打倒してはいけないものであった。ここで、かれは食糧問題の解決方法として、農業の進歩と外国の経済的圧迫の排除をあげている。講演「中国労働者がうけている不平等条約の害」(一九二四年)でも、労働者と資本家との関係についてであるが、中国の資本家は労働者を圧迫するほどの大きな力を持っておらず、中国の労働者は中国資本家の圧迫をうけはしないが、外国資本家から圧迫されているといい、労働者のうける最大の苦痛として、外国の経済的圧迫をあげている。

つぎに、衣服問題についてみると、衣服の必需を解決するには、農業・工業の問題を解決しなければならないとする。第一次世界大戦のとき、紡績工場や織物工場が多く設立され盛況をきわめたが、大戦終了後いずれも不振の状態におちいった。孫文は、その原因を、中国が不平等条約の束縛をうけ、政治の主権を失って、自国工業を保護することができないばかりか、逆に外国工業を保護していることに見いだし、不平等条約を撤廃しなければならないとした。「まず政治の主権を回復し、国家の力によって絹・麻・綿・毛の農業と工業を経営し、さらに関税権をとりもどして、この四種類の衣料生産に関連した農業と工業とを保護し、原料の輸出税を重くし、舶《はく》来品の輸入税を重くしなければならない」と。孫文は民生主義思想のなかで国民の生活問題を考え、国民生活の改善と不平等条約の破棄、民族の独立達成の民族的課題とを関連づけて提起したのである。ここに、民族民主革命の課題が国民的課題として構成された根拠があった。

# 実践哲学・歴史観・社会観

**思想改革**　孫文の政治思想の背景にどのような哲学的思想があったのだろうか、またかれの不屈の革命的情熱と行動とを支えた社会観はどのようなものであったのだろうか。実践家であった孫文は、これらの哲学上の問題について系統的にのべていないけれども、革命運動を推進するために思想上の変革が必要であることを強調したかれの著述『孫文学説』で、行動と知識との相互関係を平易に論じている。この著述を中心にしてかれの哲学的思想を考えてみよう。

『孫文学説』はかれの大著『建国方略』の第一部として収められている。『建国方略』は一九一七年から一九二〇年にかけて孫文が執筆したもので、かれが革命運動のもっとも困難な時期において、今までの思想を再検討して、民主的な中華民国を建設するための重要政策をくわしく論述したものである。かれが挙げた重要政策は

㈠　国民思想の改造（心理建設）
㈡　産業の開発（物質建設）
㈢　民権の伸張（社会建設）

の三項目であり、これらのうち第一項目の「心理建設」と名づけられているのが『孫文学説』である。孫文は国民の思想上の改革を重要政策の一つとしてとりあげ、しかも第一の重要政策として採用していることから、この問題をいかに重視したかがわかるだろう。孫文の心理建設論は、中国の経済建設と政治建設とにたいする主体的・精神的条件として構想されたものであった。

孫文によれば、人間の「物の考え方」は「万事の本源」であって、政治のよしあしもまた国民の「物の考え方」がよいか悪いかによってきまり、満州王朝をたおすことに成功したこと、民主的な中華民国の建設に失敗したことも、すべて国民の「物の考え方」に原因があった。このように思想の作用を根本的なものと考える孫文の立場からすれば、『建国方略』で挙げた産業開発・民権伸張の問題も、第一項目の思想改造をまってはじめて実現できるものであった。

孫文が『孫文学説』のなかで、強調した思想改革は、中国古来からいわれている「知ることはやさしいが、行なうことはむずかしい」(知之非難・行之惟難)という考え方や、王陽明《おうようめい》の「知ることと行なうこととは一体のものである」(知行合一)というまちがった考え方をやめて、「知ることはむずかしいが、行なうことはやさしい」(知難行易)という正しい考え方を国民全体がもたなければならないということである。孫文がなぜ思想改革を国民に要請しなければならなかったか。かれは大要つぎのようにいっている。「満州王朝を倒すことには成功したが、その後の政治情勢は期待したものとはまったくちがった。それは、わたしの能力が不足していたことにもよるが、同志たちが革命方針の実現に努力しなかったことにも原因がある。なぜ同志たちが努力をおこたったかというと、その根本原因は、考え方が誤っていたからである。誤った考え方というのは『知ることはやさしく、行なうことはむずかしい』という旧《ふる》い考え方である。この考え方は中国人の心に深くはいりこんでいて、わたしの民国建設のプランをすべて打ちこわしてしまった。この考え方はわたしの大敵であり、その力は満州王朝の一万倍にもあたる大きさである」と。

かれは、民主的な近代国家が建設できないのは、同志たちが、かれの建設計画はよくわかるが、その実現はむずかしいとして、計画の実行を放棄してしまったところに、その原因があると考え、まず「行なうことは知ることよりむずかしい」という考え方を打破し、「行なうことはやさしい」という考え方をひろめ、民国建設の実現を推進しようとしたのである。かれはいっている。「中国の国勢が不振であるのは、国勢の回復が不可能であるからではなく、国勢を回復する方法を知らないからである。また、国勢を回復する方法を知っていてもこれを実行できなかったのは、知ることはむずかしいが行なうことはやさしいという誤った考え方をもっていたからである。だから、知ることはむずかしいが行なうことはやさしいという真理を明らかにすることができれば、中国人を勇敢に行動にたちあがらせることができ、それによって新中国の建設を実現することができるであろう」と。孫文が意図した最大の眼目は国民、とくに指導者の行動への奮起をうながすことにあった。

孫文の自筆

**知ることはむずかしいが 行なうことはやさしい**

孫文は、かれのこの説が正しい真理であることを論証するために、飲食・貨幣・作文・建築・造船・築城・運河開発・電気・化学・進化の一〇項目をあげて、これらの諸行為を行なうことがいかに簡単であり、その反面にこれらの諸項目について科学的に知ることがいかにむずかしいかを論述した。

最初にかれが挙げている飲食の問題について紹介するとつぎのようである。中国人の飲食物は材料・調味ともにひじょうにすぐれたものであり、その種類もひじょうに豊富であることは世界中に知られている。このことは、アメリカやヨーロッパ、あるいは日本など、いたるところに中華料理店が多く立ちならび各国人に賞味されていることからもわかる。しかし、中国料理の優秀さは無意識的に実行・経験されてつくり出されたもので、料理人が栄養価などを知っていてつくりだしたものではない。ほんとうのよさは、近代科学の発達につれて、生理学・医学・衛生学・物理学・化学などの専門学者の研究によって明らかにされたのである。

孫文は、他の九項目についても同じような論法を展開して、行なうことはやさしいが、科学的な認識に達することがいかにむずかしいか、ということを説明した。孫文が「知ることはむずかしい」という「知」は近代科学の発達によって確立された科学的知識であり、「行なうことはやさしい」という「行」は飲食・労働など無意識的な単純な行為をさしていることは明らかである。かれは一〇項目の卑近な例を説明することによって二つの問題を提起した。その一つは、「行」と「知」との関係において、「知」を形づくる基礎として「行」を設定したということであり、その二は、「知」の有無にかかわらず「行」がたやすいということを強調したことである。

### 科学万能主義か？

「知」をつくりだす「行」の役割について、孫文はつぎのようにのべている。知識をうるには、はじめは、千百年の時間をついやして行なってのち知り、あるいは千万人の人びとの苦心や研究がついやされ、経験と試験をへてのち知ったのである。こうして、後の時代の人が前の時代の人から知識をうけつぐのは無意識のうちに行なわれてきた。そのために、知ることはやさしく行なうことはむずかしいと考えられたのであるが、これは前の時代の人の苦労を思わないからである。

このように、かれは多くの人びとが長年にわたる苦心・経験によってはじめて知識がえられるのであるから、知識をうることはやさしいことではないと説くのである。かれは、人類進化の過程を三段階にわけた。第一期は未開より文明に進む段階で、知らないで行なう時期であり、第二期は文明からさらに文明に進む段階で、行なってのち知る時期であり、第三期は科学の発明されたのちの段階で、知ってのち行なう時期であるとし、欧米諸国では「知ることはやさしいが、行なうことはむずかしい」といった誤った考え方がなかったので、この三段階が順調に発展することがきたが、中国では第二期に挫折し、第三期への発展が停止してしまったとする。このように人類の進化の過程を単純に知的発展のみを基準にして理解することには問題があるが、孫文が、実践にもとづいて科学的な知識が得られること、その科学的認識が無知の段階からしだいに断片的な知識を獲得しつつ、最後に科学的知識の段階に到達することを指摘したことは重要な意味をもっている。朱子学《しゅし》の認識論は「知先行後」、すなわち「知」を出発点として「行」を説明する主知主義であり、また朱子学《しゅし》を批判した陽明学《ようめい》の認識論は「知行合一」、すなわち「知」と「行」は本質的に合一している心の作用の両面にすぎないとした。孫文の認識論はこれらの伝統的・儒学的認識論を否定して、「行」と「知」とを明確に区別したうえで、無意識の実践活動を人類の知的進歩あるいは「知」形成の根源とし、「行」→「知」の論理を展開して実践的な認識論をつくりあげたものである。

しかも、この場合、孫文のいう「知」は儒教的「知」とは本質的に異なった内容のものであった。儒教における「知」は究極的には「聖人の道」を自己の心のなかに自覚することであり、「行」はその自覚にもとづく倫理的実践をさし、したがって、「知」も「行」も結局は個人的な自覚や修養にほかならなかった。ところが、孫文のいう「知」とは「聖人の道」とは根本的に異質な科学的知識であり、客観的な世界を改造するための方法を科学的に認識することであった。だから、孫文の「知」は儒者の「知」のように個人的なものではなくて、人類の全般的な「行」と知的発展との結果獲得され、人類全体のものとしての「知」であった。孫文においては、「知」概念の根本的な変革が行なわれたのである。

孫文は「行」を「知」の出発点としたけれども、けっして「知」を軽視したわけではない。むしろ「知」が長期にわたる人類の「行」を蓄積した結果、近代になってはじめて獲得されたものと考えたがために、いったん獲得された「知」＝科学的知識にたいしては、より高次の「行」への媒介項としてきわめて重要視した。その点をかれはつぎのように指摘している。

今日のような科学隆盛の時代にあっては、およそ物事を行なおうとすれば、かならず、まず「知」を求めてのち「行」に移すのである。その理由は、誤りをまぬがれ、時間の浪費と実行上の失敗とをふせぎ、最少の労力によって最大の効果をあげようと願うからである。だから、すべて知識にもとづいたアイディアを構成し、アイディアにしたがってすじみちを考え、すじみちにしたがって計画をたて、計画に応じて工事を行なえば、どんなに精巧なものでも、どんなに大規模な工事でも、予定どおり完成しないことはない。

この文章は「知ることができれば、かならず行なうことができる」という考え方を説明する冒頭の言葉である。この文章で、孫文が「知」といっているのは科学的知識であり、「行」といっている内容は、科学的知識にもとづいて計画した意識的な事業の遂行のことであって、「知」に先行する単純な無意識的な「行」ではない。つまり、孫文の考え方では、近代における「行」は科学的知識にもとづいて計画的に行なわなければならない。したがって科学的知識そのものが計画が成功するか失敗するかのキー・ポイントになる重要性をもったものとして把握されていたのである。この点だけをみると科学万能主義のような印象をうけるが、孫文の認識論はつぎのような発展的構造をもっているので、決して科学万能論とはいえない。

自覚的計画的行為 ← 科学的知識 ← 無意識的単純な行為

この考え方を革命実践にあてはめれば、孫文の革命方針は人類の革命実践の経験にもとづいた科学的な知識であり、この科学的知識にもとづいて自覚的・計画的に実行すれば、革命はかならず成功する、という論法になるであろう。

**知らないでも行なうことができる**

科学的知識は高度なものであって、これを獲得することはむずかしい。孫文は知識を獲得した程度に応じて人類を三つの範疇《はんちゅう》に分類する。㈠先知先覚者（最高の知的水準にあるもので、創造・発見するもの）、㈡後知後覚者（かなり知識があるもので、模倣《もほう》・推進するもの）、㈢不知不覚者（知識のないもので、ただ実行だけするもの）の三種類である。この三種類の人間のうち、もっとも高く評価されるのは、もちろん先知先覚者である。しかし、すでに先知先覚者が出現していて、科学的知識にもとづいてプランを提示している場合にたいせつなのは、このプランを推進する後知後覚者と、後知後覚者の指揮のもとで実行する不知不覚者とである。この三者の関係をわかりやすくするためにビル建築の例をあげれば、先知先覚者というのは設計師に、後知後覚者というのは現場監督に、不知不覚者というのは労働者にあたる。設計図が作製されたのちは、設計図のとおりビルを建築する監督と労働者との実行が必要なだけである。孫文はすでに自分が民主国家建設のための十分なプランを作成し、国民の前に提示していると考えていた。したがって、このプランを実現するために必要なのは後知後覚者が「行なうことはやさしい」という考え方に立って革命を推進し、不知不覚の国民大衆を指導することであると考えたのである。かれはつぎのようにのべている。

> もし、わが国の後知後覚者が毅《き》然として「知ることはやさしいが、行なうことはむずかしい」という迷信を打破し、奮起して先覚者にならつて三民主義・五権分立の実現をおしすすめれば、世界でもっとも文明が進歩した中華民国を建設することは、手のひらをかえすようにやさしいことである。

さきに指摘したように、不知の「行」を「知」の前提として考える孫文の考え方からすれば、「知」をもたない不知不覚者の行為もまた重要な意義をもち、不知の実践は人類進化の自然の法則でもあった。しかも、孫文には知識はたえず深まって確かなものとなっていくという認識があったので、不知の実践は知識がたえず進歩する源泉でなければならなかった。かれはいう。

> 科学が進んでも、人類のことはそのすべてが、先に知って後に行なうということはできない。知らないで行なうことは、知って行なうことにくらべて、はるかに多い。そのうえ、人類の進歩は、みな知らないで行なうことから出発している。これは自然の法則であって、科学の進歩によっても、この原理を変えることはできない。だから、人類の進化は知らないで行なうことを必然の過程とする。

このような立場から、かれは「知」をつくりだす不知の実行、たとえば練習・実験・探険・冒険の四行動は文明の出発点であるとなし、生徒は練習によって不知から知に達し、科学者は実験によって、探険家は探険によって、偉人は冒険によって、それぞれ不知から知にいたる、と不知から知にいたる過程を高く評価した。知らないで行なうことは、人類の文明を促進し、国家の富強をはかるものであるともいっているように、孫文にとって不知不覚者の役割も先知先覚の役割におとるものではなかった。

### 革命実践への役割

それではいったい、孫文は先知先覚者・後知後覚者・不知不覚者の三種類の人間の役割をどのような位置においたのであろうか。実際社会における三者の役割は、どれが高級でどれが低級かというような差別をつける問題ではなく、それぞれの人間に与えられた能力に応じた社会的分業であり、三者が相互に協力し、おぎないあい、それぞれの役割を果たして、はじめて物事は完成できるものであった。さきにあげたビル建設の例でいえば、設計師・現場監督・労働者が、それぞれの役割を果たして協力することがビルを完成させるために必要であるということである。孫文はこの才能に応じた協力関係のことを「服務」（社会への貢献）といい、『三民主義講演』のなかでつぎのようにのべている。

才能のすぐれた人は、その能力を生かして千万人の人びとのために仕事をし、千万人の人びとの幸福をつくるべきである。才能のそれほどでもない人は、その能力をつくして十人・百人の人びとのために仕事をし、十人・百人の人びとの幸福をつくるべきである。能力がまったくない人も、自分の能力をつくして、一人のために仕事をし、一人の幸福をつくるべきである。

この短い文章のなかに、孫文が人びとの才能の有無を認めたうえで、才能に応じた役割を果たすべきこと、才能の有無がけっして人間の優劣をきめるものでないこと、を考えていたことを知ることができよう。

反共主義哲学者として有名であった胡適《こてき》が、一九二九年のある論文で、孫文の「知難行易」説のほんとうのねらいは、「行なうことはだれでもできるが、知ることは少数の先知先覚者でないとできない」ということを主張して、国民に「先覚者を信仰させ、指導者に服従させようとする」哲学を宣伝することだ、と非難したことがある。胡適《こてき》の非難は、孫文の「知難行易」説が、「知」の根源に無意識的な（「不知の」）「行」を設定していること、先知先覚者・後知後覚者・不知不覚者のそれぞれの役割を認めて才能に応じた分業と協力との関係を設定していること、この二点を無視したもので、孫文の真意を理解していない非難であった。

ところで、「行なうことはやさしい」という考え方をもつとすぐ行動がおこるか、というとけっしてそうではない。それはたんに行動を行ないやすい心理状態になっただけであり、行動に移るには別の契機が必要である。その契機について、孫文は「問題はすでに、知ることができるかできないか、行なうことができるかできないか、にあるのではなく、欲《ほっ》するか欲《ほっ》しないかにあるだけである」とのべて、人間の意欲あるいは欲望をあげている。しかし、意欲や欲望をもっただけでもまだ行動には移れない。意欲と行動との間にもう一つの媒介物がなければならない。それを孫文は「決心」とよんだ。一九二二年に「軍人の精神教育」と題して広東《カントン》政府の勢力拡大のために出動してきた軍人におこなった講演で、かれは今や諸君は桂林《クイリン》を出発してとるべき道は、勝利することか、一命をなげすてて党の主義に殉《じゅん》ずるかのどちらかである。一言でいえば、決心あるのみである。心さえ決《きま》れば軍人精神を発揮して光輝ある革命を成就することができ、中華民国に利益をもたらすことができる。

とのべた。このような「決心」は軍人だけに要請されたものではない。かれは国民党改組後の新しい党づくりの根本を党員の「決心」に求め、党員は三民主義にたいして信頼し、これに殉《じゅん》ずる「決心」をもたねばならず、また党員はみずから「決心」をもつだけでなく、四億の人民の思想を改造して「決心」をもたしめなければならない、と説いた。孫文は認識から実践への過程に「意欲」と「決心」との媒介項を設け、思想改造を基点とした実践論を展開したのである。

孫文によって民主的中国建設の科学的知識が与えられたいま、後知後覚者・不知不覚者は孫文が与えた目標を達成するために「決心」をして実践に移ることだけが残された課題である。孫文が「決心」を強調した理由はここにあった。

### 新しい道徳観

講演「軍人の精神教育」ではまた、革命軍人のもつべき道徳的精神について論じた。かれは、軍人の任務は三民主義を実現して国家・民族の危機を救うことであり、この革命精神こそが軍人精神でなければならないとし、さらに軍人精神をくわしく説明して、「今日において国を救い民を救うには革命を行なわなければならない。革命には精神がなければならない。この革命精神が軍人の精神である。しかし、精神というものは漠然《ばく》としたものではない。智・仁・勇の三つが軍人精神の要素である。この三つの精神を発揮してはじめて民を救い国を救うことができる」とのべた。孫文はここで儒教倫理の徳目である智・仁・勇をあげた。しかし、この智・仁・勇の内容は儒教倫理の意味とはちがって新しい内容をもったものであった。

軍人の「智」は「是非《ぜひ》をわかつこと、利害をあきらかにすること、時勢を知ること、自分と敵とを知ること」の四つの内容をもっていた。最初の「是非をわかつ」ということは、軍人の地位と責任とを知るということである。軍人という職務は農業・工業・商業などと同じく社会的分業の一つであって、国家と国民とを保護する責任をもっている。したがって、国家・国民の利益になるかどうかの判断をはっきりと知らなければならない。このような政治認識が「是非をわかつ」ということである。「利害をあきらかにする」とは、目的を果たすためにどのような行動が利益かをはっきりとつかむことである。「時勢を知る」とは、情勢が有利か不利かをよく知ることであり、「自分と敵とを知る」とは、自分と敵との勢力をはっきりと知ることである。

軍人の「仁」とはなにか。もともと軍人は国家を防衛する任務をもっている。しかし、どのような国家でも防衛すれば「仁」であるというわけにはゆかない。専制国家や軍閥《ばつ》のように国家や国民のために存在していないもののために尽力することは「仁」とはいえない。ほんとうに国家と国民とを救う目的のために犠牲《ぎせい》となることこそ「仁」というべきであり、そのような主義、すなわち三民主義のために生命をなげうつのが、ほんとうの「仁」である。このようにして、「仁」とは抽象的に存在するものではなくて、一定の政治思想との関連において成立するものと考えられた。孫文は、はっきりと「三民主義を実行して、救国救民の仁を行なうのみである」とのべている。

軍人にとっては、「智」と「仁」があっても「勇」がなければ不十分である。「勇」とは「技能に長ずること、生死をあきらかにすること」の二つの内容をもっているが、この「勇」もまた「主義あり、目的あり、知識ある勇」であってはじめて価値があるものであった。

孫文が軍人の徳目としてあげた智・仁・勇は儒教的な表現であるが、その内容はきわめて近代的・政治的な内容をもっていた。革命的実践の倫理的根拠である「仁」についてみると、孫文のいう「仁」は、自己目的としての絶対究極の価値を意味する儒教的「仁」とは異なって、「救国救民」という相対的・政治的目的を基準とした倫理的価値を意味した。

孫文は『民族主義講演』第六講において、固有の道徳として忠孝・仁愛・信義・平和をあげ、この四道徳はすぐれたものであるから保存すべきであると主張し、それぞれの内容を解説した。しかし、孫文が保存・復活すべきだとした忠孝・仁愛・信義・平和の四道徳は表現はおなじであるが、古いままの儒教道徳とは内容はまったくちがい、根本的に新しい内容のものであった。たとえば「忠」について孫文は「われわれがある一つの事をやるさいに、終始一貫、成功するまでやりとげる、もし成功しなかったら、たとえ生命を犠牲《ぎせい》にしても惜しまぬという態度、これが忠である」と説明し、「われわれは民国にあっても、道理のうえからいって、やはり忠を尽さなくてはいけないのである。君に忠なるのではない。国に忠であり、民に忠であり、四億の人に忠をはげむべきである」とのべ、「忠」という徳目の重要性をといた。孫文がここで説明した「忠」は旧来の儒教的な「忠」、すなわち皇帝にたいする絶対的な奉仕を意味する内容とは根本的にちがっていて、「救国救民」という目的にたいする自己奉仕を意味した。

孫文は国民にわかりやすいように人びとに耳なれたことばをもち出して道徳を説いた。したがって、表面的には旧道徳の復活を主張したように見えるけれども、実は新しい内容をもち、新しい中国の建設に適合した新道徳観をうちだしたのである。

# 孫文思想の継承

## 実践的継承とその破産

一九二四年の国民党改組によって、国民党と共産党との提携を組織的基盤とし、帝国主義反対と軍閥《ばつ》打倒の二大スローガンをかかげて、広範な国民諸階級を結集した国民革命運動が軌道にのった。国民革命運動の中心人物であった孫文は翌年春に世を去ったが、かれが提示した革命プランは、かれの忠実な後継者たちによってうけつがれた。一九二六年、国民党は「北伐《ばつ》宣言」を発して北方の軍閥《ばつ》から政権を奪取するために軍事行動を開始した。国民革命軍の進出は労働者・農民の解放要求を組織化し、労働運動・農民運動の発展をともなって、社会の奥深いところまで変革をひきおこした。孫文の思想の本質は実践的思想であった点にある。国民革命の遂行こそ、孫文の思想を実践的に継承したものであり、国民革命の成功は孫文思想の正しさと有効性を実証するものにほかならなかった。

しかしながら、国民革命の破綻《はたん》ははやくも一年後にあらわれ、国民党と共産党とが分裂して中国国内に二つの政権が成立し、相互にはげしい武力対立をつづけることとなった。このような革命勢力の分裂は、思想的に見れば、孫文思想の中に含まれていた矛盾が激化し、二つに分裂したものとしてとらえることができる。国共分裂いご、孫文思想が実践的にどのように継承されたかを検討することは、これいごの中国革命史全体についてのべなければならないことになるので、この課題を本書で追求することはできない。思想的にどのように継承されたかという点を要約しておくにとどめたい。

もともと、国民党内には左派と右派との対立があったが、孫文の死後、両派の対立が表面化した。左派は宋慶齢《そうけいれい》・廖仲愷《りょうちゅうがい》らを中心にして第一回全国代表大会の宣言と決議とを忠実に実行し、共産党との提携と、労働者・農民への援助を推進しようとした。しかし、右派の一派は同調者を結集して国民党内の指導権を奪いとる策動をつよめた。左派の指導者廖仲愷《りょうちゅうがい》が右派の手で暗殺されるという事件さえおこった。右派と左派との政策上の根本的な対立点は組織上では共産党との協力をつづけて民族連合戦線を維持してゆくかどうかであり、政策上では、労働者・農民を革命勢力に含み、かれらの運動の発展を助けて労働者・農民の解放を推進するかどうかであった。

ソ連新聞「プラウダ」の孫文死去報道

このような実践上の対立は、孫文思想の解釈上における対立をともなった。左右両派の思想上の対立は、孫文思想が階級闘争を認めたものであるかどうかという点に集中した。階級闘争思想があるかないかが、実践的には共産党との協力を認めるか認めないかということに直接つながる理論上の問題であったからである。

## 三民主義の分解

孫文の三民主義思想は歴史的に変遷《せん》があったので時期によって内容がちがうから、どの時期の三民主義思想を重視するかによって解釈が異なってくる。また、一定の時期の三民主義をとりあげてもいろいろな解釈を生みだす可能性を含んでいた。たとえば、かれが三民主義を系統的に解説した最後のもの『三民主義講演』は、「救国主義」という枠《わく》の中で大きくまとめてはいるが、内容に立ちいってみると、いろいろ矛盾した考え方が混在している。このような理由から、孫文の死後、三民主義の解釈が分裂し、それぞれの立場から解釈が行なわれて、孫文思想の正統を主張しあうこととなった。

もともと反共主義者であり、孫文の生前から共産党との提携に反対を強く主張していた戴季陶《たいきとう》が、孫文の死後すぐに発表した『孫文主義の哲学的基礎』は、孫文思想の本質は伝統的な儒教思想であると主張した代表的な例である。かれは「三民主義はけっして三つの部分ではない。その本体は民生主義である」とのべ、さらに、民生主義は儒教経典の一つ「中庸[1]」に見える「誠《まこと》」の思想が基礎になっているとした。このような解釈から、かれは三民主義の実践的本質、すなわち根本的な政治的・社会的変革をめざした革命的実践思想であることを否定して、三民主義に準拠した国民革命は道徳上の革命であり、それは社会主義思想とは根本的に対立するものだと主張した。かれの孫文解釈はかれのつぎのような言葉に要約されている。

三民主義の哲学的基礎は、仁慈忠孝を主旨とする古代の王道および孔子の教えに基づいており、階級闘争を主張する唯物論のマルキシズムとはまったくあい反する。……共産党員が国民革命の進行中において階

1) 中国古代の哲学書の一つ。「中」とは「忠」すなわち「誠」とのことで、これは天と人とを通じる道であると説いている。

級闘争を主張するのは、孫文主義の哲学的基礎にまったく違反するばかりでなく、それは同時に国民革命を破壊するものである。労働者たちの生活改善は、資本家の仁愛精神の発揮と、知識階級の仁政をほどこす智勇兼備の熱誠とにまつべきであり、労働者は資本家・知識階級と協力一致すべきである。

孫文思想の儒教的解釈は反共・反革命の思想と政策とに結びついていた。このような戴季陶《たいきとう》の孫文解釈は、一九二七年いご南京《ナンキン》政府および蔣介石《しょうかいせき》にひきつがれ、反動的・独裁的支配体制と、反ソ・反共・反労農政策とを合理化する思想的根拠となった。

胡漢民《こかんみん》・周仏海《しゅうふつかい》たちは民族主義・民権主義・民生主義が不可分に関連しあい、三民主義思想は一つの統一した思想であり、孫文の独自な思想体系であることを主張した。この点で戴季陶《たいきとう》の一面的な解釈とはちがっていた。しかし、二人とも三民主義の独自性を明らかにするために三民主義と無政府主義・共産主義との理論的な区別を行なうことに重点をおき、その結果、国民党と共産党との提携《ていけい》を拒否することになった。孫文は、言葉のうえでは階級闘争を主張せずにむしろ階級協調の考え方を強調した。しかし、帝国主義に反対して民族の独立を達成すること、軍閥《ばつ》を倒して民主的な国家を建設すること、地主制度にかえて資本主義産業を育成すること、労働者・農民の生活を改善することなどの、かれがうちだした革命的政策は、実は近代民主主義社会をつくりだすための階級闘争であった。孫文はただ自覚していないだけであった。ところが、胡《こ》漢民《かんみん》・周仏海《しゅうふつかい》らは、孫文思想の本質をきわめずに三民主義には階級闘争理論がまったくないと主張した。そのため、かれらは三民主義の統一性を強調したにもかかわらず、実践的には、民族主義だけに重点をおくこ

日本から天津への船上にある孫文夫妻（1924年）

ととなった。たとえば周仏海《しゅうふつかい》は「民族革命の過程が同時に民権・民生の問題を解決していっさいの不平等をなくするから、民族革命の成功後は、かさねて階級闘争＝社会革命を必要としない」とのべ、民主政治の確立や民衆の生活改善の課題を民族革命のなかに解消してしまった。かれらの立場は戴季陶《たいきとう》ほど極端ではないが、思想上ではマルクス主義思想に反対し、政策上では「連ソ・容共・労農援助」の三大政策を否定するものであった。

三民主義と共産主義とは、理論的にも実践的にもちがっている。しかし、革命のある時期においては一致する面がある。孫文が晩年に到達した新三民主義は、もともとこの一致する面で構成された思想であり、それを政策化したのが第一回全国代表大会宣言であった。この点を正しく認識して孫文思想を論じたのは甘乃光《かんだいこう》の『孫文主義大綱』である。かれは「地主およびいっさいの封建制度の遺物の圧迫にたいしては、これに反抗しないわけにはいかない」とのべて農民の反地主闘争を支持し、三民主義革命は民族革命が成功しても終わるものではなく、将来の社会革命を準備するにすぎないとし、民生主義の実現は民族革命と社会革命との二つの過程をへるものとみなした。かれは、三民主義と共産主義との区別を認めた上で、当面、民族革命と反封建革命とをきりはなすことなく同時に進めなければならないとして国民党の三大政策を擁護した。かれの孫文解釈は宋慶齢《そうけいれい》とも一致した。かの女は、蔣介石《しょうかいせき》を中心とした国民党右派が一九二七年四月いご武力による反共政策をうちだしたことに抗議し、つぎのような要旨の声明を発表した。

国民革命は社会革命であり、社会の根本的な変革をめざしている。この革命を遂行するため孫文は三民主義と三大政策とを提示した。労働者・農民は、帝国主義に反対して民族の独立を達成し、軍閥《ばつ》を打倒して全国を統一する革命運動における主力であり、かれらは自由な新中国を建設する土台である。孫文がきめた国民党の三大政策は、かれの三民主義思想を実践するただ一つの方法である。最近党内でいろいろな解釈がおきているが、かれらは三民主義の思想と政策との一部分をとりあげてことさらにゆがめている。これでは革命は失敗するにきまっている。

そして、かの女は「孫文の政策はきわめて明白である。もし党内の指導者が孫文の政策を全面的に実行しないならば、かれらは孫文の真の信徒ではないし、党はもはや革命の党ではなくなって軍閥《ばつ》の道具にすぎない」とのべて、孫文の思想と政策とを正しく継承するよう訴えてモスクワに去った。

## 三民主義と毛沢東

蔣介石《しょうかいせき》を指導者とした南京《ナンキン》国民政府は、孫文を「国父」としてまつりあげて右翼的に解釈した孫文思想をさかんに利用していたが、それに反して、江西《キャンシー》省の中国ソビエト政府を拠点にソビエト革命運動を展開していた中国共産党は、孫文思想に批判的な態度をとっていた。

毛 沢 東

しかし、満州事変（一九三一年）から日中戦争（一九三七年）へと、日本の武力侵略が拡大してゆくにつれて、国民党と共産党とが協力して日本の侵略から中国を守らなければならない新しい情勢が生まれた。このような新情勢をみてとった共産党は抗日統一戦線の政策を強力にうちだし、国民党と共産党との協力を軸とした国民総力を結集する要《かなめ》として三民主義思想を再認識し、その復活、再生をよびかけた。もちろん、共産党がもちだしたのは右翼的に解釈された三民主義ではなくて、国民党第一回全国代表大会宣言に明示された三民主義思想と政策とである。ここで、孫文の新三民主義が統一戦線の綱領として浮かびあがってきた。

日中戦争がはじまる二か月前（一九三七年五月）、毛沢東《もうたくとう》は

共産党は三民主義に同意するのか。同意するとわれわれはこたえる。……中国共産党にはみずからの政治的・経済的綱領がある。その最高の綱領は社会主義および共産主義であり、それは三民主義と区別される。民主主義革命の時期におけるその政綱もまた、国内のどの党派よりも徹底している。しかし、共産党の民主主義革命の綱領は、国民党の第一回全国代表大会で宣言された三民主義の綱領とは基本的にはなんら衝突するものではない。だから、われわれは三民主義を拒否しないばかりか、断固として三民主義の実行を希望するのであり、しかも国民党がわれわれといっしょになって三民主義を実行するよう要求し、全国の人民にも三民主義の実行をよびかけるのである。

とのべて、抗日民族統一戦線の共同の政治綱領として三民主義が重要な意義をもっていることを強調した。
さらに、かれは『新民主主義論』(一九四〇年) のなかで、この見解をいっそうくわしく説明して三民主義の継承・発展が現状を解決する鍵《かぎ》であることを説明した。毛沢東《もうたくとう》は国民党第一回全国代表大会宣言より前の三民主義を旧三民主義とよび、その宣言によって明示された三民主義を新三民主義とよんではっきりと区別し、その上で、新三民主義を抗日戦争を遂行するための共通の政治方針とするようのべた。かれはいう。三民主義と共産主義との政治方針にはつぎのような相違点がある。

㈠ 民主主義革命の段階についていえば、共産主義の政治方針には、人民の権力の徹底的な実現、八時間労働制、徹底的な土地革命という方針があるが、三民主義にはこの部分がない。

㈡ 共産主義には民主主義革命の段階のほかに、社会主義と共産主義の社会制度を実現する綱領がある。しかし、三民主義には民主主義革命の段階があるだけである。

㈢ 共産主義の世界観は弁証法的唯物論と史的唯物論であるが、三民主義の世界観は二元論または観念論である。

㈣ 共産主義者は理論と実践が一致しているが、三民主義者は一部の忠実な者をのぞいては理論と実践とが一致していない。

しかしながら、共通した部分があることを重視しなければならない。「一九二四年、孫中山があらたに解釈をくだした三民主義のなかの革命的な民族主義・民権主義・民生主義のこの三つの政治原則は、中国の新

陸軍軍官学校開校当時の孫文（右）と蔣介石（左）

民主主義革命の段階における共産主義の政治綱領と基本的に共通している」と。かれは「革命の三民主義、新三民主義あるいは真三民主義」「連ソ・容共・農労援助という三大政策の三民主義」にたちかえり、これを実行し、さらに発展させようとしたのである。

他方、蔣介石《しょうかいせき》は、孫文逝《せい》世九周年記念日（一九三四年）に行なった講演で、孫文の根本思想は儒教思想「中庸の道」の思想からきており、孫文はじつに孔子いらいの「大聖人」であり、三民主義と儒教とは一致すると論じた。このような孫文解釈はその後もかわらず、共産党と提携して抗日戦争を遂行していた時期に発表した著書『中国の命運』（一九四三年）でも同じような考え方をのべた。かれはいう。三民主義の基礎は民族固有の精神である。民族固有の精神とは、智・仁・勇の三道徳と、これを行なうための「誠《まこと》」の一字とである。これはじつにわが民族徳性の結晶であり、国父（孫文）の思想はふるくからの民族精神の流れをうけて、世界の進歩した学説を理解して発展させたものであって、中国建国の最高原理である、と。

三民主義の儒教的解釈は、晩年の孫文が民族的伝統を強調した言葉をとらえて組みたてたものである。もともと孫文の思想は年とともに積みかさなってまとまったもので、理論としては矛盾したところも多く、雑然としている。このような特徴をもった思想を、ある部分だけをとりだして整理すれば、儒教的な内容のものだということができないこともない。しかし、このような方法では、ほんとうに孫文の思想を理解することもできないことはあきらかであり、このような形での継承はほんとうの継承とはいえない。

三民主義は社会主義思想とはちがっている。孫文はヨーロッパの近代思想から出発して、あくまでも民主主義者として生涯を生きた啓蒙思想家であり、実践活動家であった。しかし、半植民地・半封建社会という中国の当時の情勢のなかで、誠実な民主主義革命家であったかれは、実践的に共産党との提携による国民革命運動に行きついた。新三民主義思想はそのときの政治綱領である。孫文はここまで歩いてきたのだが、かれの到達した点に新民主主義革命の出発点をみいだしたのが毛沢東《もうたくとう》である。孫文は、民主主義者として誠実に生きることによって、毛沢東《もうたくとう》思想をうみだすために中国革命がどうしても通らなければならない道を踏みかため、不動のスタート・ボードをつくりあげたといえるだろう。思想の継承とは、前人が敷き、踏みかためた道を、さらに延長するものでなければならない。

## 孫文生誕百周年記念大会

孫文は、一八六六年一一月一二日に、広東省中山《チュンシャン》県の農村で生まれた。だから、一九六六年一一月が孫文生誕百年にあたったわけである。

中華民国すなわち台湾《タイワン》においては、数え年で一九六五年一一月に、百周年記念祭を行なった。台湾《タイワン》の国民党は、この記念祭のために元首相岸信介《きしのぶすけ》氏など日本人を協力委員に委嘱したりして、日本でも孫文生誕百周

孫文生誕百周年記念集会

年の記念論文の出版などいろいろな記念行事を行なった。

中華人民共和国では、百周年を記念する盛大な集会が、満百年にあたる一九六六年一一月一二日、北京《ペキン》の人民大会堂でひらかれた。この記念集会には周恩来《しゅうおんらい》・宋慶齢《そうけいれい》・劉少奇《りゅうしょうき》・何香凝《かこうぎょう》ら多数の政府要人が顔をみせ、会場には紅衛兵たち一万人余りが出席した。わが国からは、日本孫中山生誕百周年記念訪中代表団が参加した。

この会で、中華人民共和国副主席董必武《とうひつぶ》や、総理周恩来《しゅうおんらい》があいさつをのべたが、かれらはいずれも、われわれは孫文の革命事業の継承者であり、孫文がなしえなかった民主主義革命をなしとげ、さらにその革命を社会主義革命へと発展させ、社会主義建設の中で偉大な成果をおさめたとのべ、中国の革命事業における孫文の偉大な貢献を永遠に記念すべきであると孫文の功績をたたえた。それらの言葉はいずれも毛沢東《もうたくとう》が孫文の革命的実践を高く評価したことからきている。毛沢東《もうたくとう》は、孫文生誕九〇周年（一九五六年）のさい、「孫中山先生を記念する」という文章を発表して、つぎのようにのべている。

偉大な革命の先駆者孫中山を記念する。中国の民主主義革命の準備期に、先生が中国の革命的民主主義派としてのはっきりした立場にたって、中国の改良派とするどい闘争を行なったことを記念する。この闘いにおいて、先生は中国の革命的民主主義派の旗じるしであった。辛亥《しんがい》革命の時期に、人民をみちびいて帝制をくつがえし、共和国をうちたてた先生の偉大な功績を記念する。第一次国共合作の時期に、旧《ふる》い三民主義を新しい三民主義に発展させた先生の偉大な功績を記念する。先生は政治思想の方面で、われわれに多くの有益なものをのこした。現代の中国人は、ひとにぎりの反動分子をのぞいて、みんなが孫先生の革命事業の継承者である。

中華人民共和国副主席の要職にある孫文の妻宋慶齢《そうけいれい》は「孫中山――堅忍不抜《けんにんふばつ》・百折不撓《ひゃくせつふとう》の革命家」と題して、長時間の演説を行なった。まず、かの女は孫文の性格、生いたち、政治的諸活動について説明し、孫文に学ぶべき点について、つぎのようにのべている。

孫中山は、生涯をつうじて、革命をおしすすめるのに力をつくしました。この点は今日でもやはりわたしたちが学ぶべきことです。世界の三分の二の人民がまだ解放をかちとっていないのですから、わたしたちは、かならず帝国主義に反対する革命闘争を堅持し、社会主義と共産主義を建設する革命闘争を堅持して、わが国各分野の現代化を実現し、科学の高峰によじのぼるよう努力しなければなりません。

孫中山には、わたしたちの学ぶべきもう一つの面があります。それは政治的に当面の革命の任務の必要に応ずるため、たゆみない自己教育を堅持したということです。かれは、理論と実践の面からとどまることなく探求をつづけ、革命を勝利へみちびく道、中国が国際的に平等な地位を獲得し、中国人民が自由を獲得する道をさがし求めたのです。

つまり、かの女は孫文の㈠たゆみない革命の実践、㈡たゆみない自己教育（実践の挫折・失敗を克服して、誤りを改め前進してやまなかったもの）の二点に、学ぶべきであるとしたのである。

わが国においても、中華人民共和国の記念事業と関連して孫文生誕百周年記念事業委員会が結成され、式典・記念講演・展示会などが行なわれた。立命館大学総長末川博《すえかわひろし》氏は「孫文先生と日本」と題した記念講演において、孫文がいかに日本を信頼し、愛好し、日本に敬意を表わしたかをのべ、またアジアの団結を強調した「大アジア主義」という講演をとりあげて、孫文のいう西洋の「覇《は》道」の手先となるか、東洋の「王道」のトリデとなるかということを、今日よく考えてみなければならないと、つぎのように指摘した。

近頃はどうも西方の手先になる気味があって、どこかの外国の政策の尻《しり》馬に乗り過ぎて追従《ついしょう》の傾向が強すぎるのではありますまいか。もっと日本の本当の立場を考えて、お隣の中国を封じ込めるとか、敵視するとかいうような外国の政策に同調することについて反省すべきではないかと思います。

孫文は、中国民族の独立と統一、国民生活の向上を求めて民族解放の実践活動と理論の創造とをなしとげた。この孫文の生涯と思想とは、帝国主義の圧迫の下にある民族が、解放を求めた思想と行動との優れた遺産である。それだからこそ、孫文の思想は今日におけるアジア・アフリカ・ラテンアメリカ諸民族の独立解放運動の源流として生きつづけ、孫文の革命的な生涯が歴史の輝かしい一頁として書きつづられるのである。

# 孫文年譜

| 西暦 | 満年齢 | 年譜 | 背景をなす社会的事件ならびに参考事項 |
|---|---|---|---|
| 一八四〇年 | | | アヘン戦争→南京条約（一八四二） |
| 四七 | | | 中国人労働者キューバへ移民 |
| 五〇 | | | **洪秀全の蜂起、翌年に太平天国**を建国 |
| 五六 | | | 第二次アヘン戦争（〜六〇） |
| 五七 | | | インドでセポイの反乱 |
| 五八 | | | 天津条約。日本、日米通商条約を締結 |
| 六〇 | | | 北京条約 |
| 六一 | | | アメリカの南北戦争（〜六五） |
| 六三 | | | 曽国藩・李鴻章、兵器工場を創設 |
| 六四 | | | 太平天国滅亡 |
| 六六 | | **孫文生まれる**（一一月一二日、広東省中山県翠亨村） | |

| 年 | 歳 | 事項 | 世界の出来事 |
|---|---|---|---|
| 六八年 | 二歳 | | **明治維新** |
| 七一 | 五 | | 日清修好通商条約。パリ＝コンミューン |
| 七四 | 八 | | 日本の台湾出兵 |
| 七七 | 一一 | | イギリス領インド帝国成立 |
| 七九 | 一三 | 兄に招かれてハワイへ。イオラニ＝カレッジ入学 | |
| 八二 | 一六 | オアウ＝カレッジ入学 | 李鴻章、上海に機械制紡織工場を設立 |
| 八三 | 一七 | 帰国 | |
| 八四 | 一八 | 香港のディオセサン＝スクールに入学 | **清仏戦争**(〜八五) |
| 八五 | 一九 | クイーンズ＝カレッジに転学。洗礼を受く。盧慕貞と結婚 | ベトナム、フランスの保護国となる |
| 八六 | 二〇 | 広州の博済医院に入る | イギリス、ビルマを併合 |
| 八七 | 二一 | 香港の西医書院に入学 | フランス領インドシナ成立 |
| 八八 | 二二 | | 康有為の第一回変法意見書提出 |
| 八九 | 二三 | | 日本、帝国憲法発布。第二インター成立 |
| 九二 | 二六 | 西医書院を卒業。マカオで開業 | |

| | | | |
|---|---|---|---|
| 九三 | 二七 | 広州にうつる | ハワイに革命、共和制成立。毛沢東生まれる |
| 九四 | 二八 | 李鴻章に意見書を提出。**ハワイで興中会を結成** | 朝鮮の東学党反乱。**日清戦争**(〜九五) |
| 九五 | 二九 | 広州で第一回蜂起失敗。日本にきて興中会横浜支部を結成。ハワイにむかう | 下関条約の締結。康有為ら意見書提出<br>列強の利権獲得競争はじまる |
| 九六 | 三〇 | アメリカをへてイギリスに渡る。ロンドンで監禁さる | |
| 九七 | 三一 | アメリカをへて日本へ。宮崎・犬養らと交友をむすぶ | ドイツは膠州湾、ロシアは旅順・大連を占領 |
| 九八 | 三二 | 日本で活動 | 戊戌の変法。イギリスは威海衛・九竜半島、ロシアは旅順と大連、フランスは広州湾、ドイツは膠州湾を租借。米西戦争。アメリカ、グアム島・フィリピン・ハワイを領有 |
| 九九 | 三三 | 秘密団体を結集して興漢会を組織。フィリピン独立運動を援助 | 義和団の蜂起。アメリカの対華門戸解放宣言。フィリピンの独立運動。南ア戦争 |

| | | | |
|---|---|---|---|
| 一九〇〇年 | 三四歳 | 広東省恵州での蜂起失敗 | **義和団事件**。自立軍の蜂起失敗 |
| 〇一 | 三五 | 日本で活動 | 義和団議定書調印。梁啓超「**新民叢報**」発刊 |
| 〇二 | 三六 | 東京で章炳麟らの中夏亡国二四二年記念会に出席。ハノイにおもむく | 清朝、海外留学生を派遣。蔡元培ら中国教育会を設立。日英同盟(〜二二) |
| 〇三 | 三七 | 日本で廖仲愷らと会う。東京青山に革命軍事学校を設立。ハワイに渡る | 新軍の設置。蘇報事件。華興会の設立 |
| 〇四 | 三八 | アメリカからヨーロッパに渡り、中国人留学生を組織 | 黄興ら長沙蜂起に失敗。光復会の設立。日露戦争(〜〇五) |
| 〇五 | 三九 | 東京で**中国革命同盟会を結成**。機関誌「**民報**」発刊 | 科挙廃止。五大臣を立憲制調査のため海外に派遣。アメリカ商品排斥運動。利権回収運動おこる。日本で中国人留学生取締り事件 |
| 〇六 | 四〇 | 東京神田で三民主義・五権分立について講演。日本政府に退去を勧告されシンガポールにむかう | 清朝、立憲制施行を予告。萍醴の反清蜂起失敗。日本、南満州鉄道株式会社を設立 |

| | | | |
|---|---|---|---|
| 〇七 | 四一 | 革命方略を定む。ハノイに革命機関を設立。恵州・黄岡(潮州)・防城・鎮南関での諸蜂起すべて失敗。シンガポールへゆく | 徐錫麟らの蜂起失敗。第一次日露協商締結 |
| 〇八 | 四二 | 欽州・廉州・河口（雲南省）の蜂起失敗。「民報」日本で発行禁止さる | 光緒帝・西太后の死。立憲促進の請願運動おこる。焦達峯ら東京で共進会を設立。日本商品排斥運動 |
| 〇九 | 四三 | シンガポールを出発。ヨーロッパ経由アメリカに渡る | 各省諮議局の設置。国会速開請願同志会の結成。日本商品排斥運動 |
| 一〇 | 四四 | 広東省の新軍の蜂起失敗。日本をへてシンガポールにゆきペナンで会議。フランスにゆく | 対華四国借款団の成立。長沙の米騒動。山東省の反税暴動。日本、朝鮮を併合 |
| 一一 | 四五 | 広州での蜂起失敗(黄花岡事件)。アメリカで辛亥革命を知り、イギリスにいって外交交渉。帰国して臨時大総統に推薦される | 親貴内閣の成立。鉄道国有令の発布。四川の鉄道国有化反対暴動。武昌蜂起。**辛亥革命**（一七省独立を宣言）。漢口で各省代表者会議おこなわれ「中華民国政府臨時組織大綱」を決定。袁世凱内閣の成立。南北和議はじまる |

| | | | |
|---|---|---|---|
| 一二年 | 四六歳 | 南京で**臨時大総統に就任**。**臨時憲法を発布して共和制を宣布**。**中華民国成立**。清朝滅亡。大総統を辞任し袁世凱にゆづる。全国を遊説し、北京で全国鉄路督弁に就任。国民党総理に就任。 | 国会成立。同盟会を解散し、国民党を結成。チベット独立宣言。対華六国借款団成立 |
| 一三 | 四七 | 借款交渉で来日。宋教仁暗殺事件で帰国。第二革命をおこし、失敗して日本に亡命 | 正式大総統に袁世凱が就任。大借款（五国借款団）成立 |
| 一四 | 四八 | 東京で**中華革命党**を結成。宋慶齢と結婚 | **第一次世界大戦**おこる（～一八）。パナマ運河の開通 |
| 一五 | 四九 | 第三革命に乗じ反袁運動を画策 | 日本の対華二一か条要求。袁世凱の帝制運動。陳其美ら上海蜂起に失敗。第三革命おこる。「**新青年**」発刊、新文化運動はじまる。日本商品排斥運動 |
| 一六 | 五〇 | 日本より上海へ帰る | 袁世凱死亡。黎元洪、大総統に就任 |
| 一七 | 五一 | 「民権初歩」を発表。海軍をひきいて広州にいたり、軍政府を組織して大元帥に就任 | 中国、対ドイツ宣戦。張勲の復辟運動。西原借款。**ロシア革命** |
| 一八 | 五二 | 大元帥を辞任。上海で「孫文学説」・「実業計画」などの著述に専念 | 日中陸海軍軍事協定の締結。日本のシベリア出兵。日本の米騒動 |

| | | | |
|---|---|---|---|
| 一九 | 五三 | 中華革命党を**中国国民党**に改組し、総理となる。「建設雑誌」を発刊 | **五四運動**。ソ連のカラハン宣言。朝鮮の三一事件。コミンテルン成立。パリ講和会議 |
| 二〇 | 五四 | 広州にゆき、軍政府政務会議を再開 | 安直戦争はじまる。新四国借款団の成立 |
| 二一 | 五五 | 非常大総統に就任し広東軍政府を樹立。北伐開始。コミンテルン代表マーリンと会見 | **中国共産党成立**。ワシントン会議 |
| 二二 | 五六 | 陳炯明の反乱で上海にのがる。李大釗やヨッフェとあう | 香港海員スト。安源炭鉱スト。中共機関誌「嚮導」発刊。奉直戦争おこる。コミンテルン極東民族大会（モスクワ） |
| 二三 | 五七 | **孫文＝ヨッフェ共同宣言**。広州で大元帥府を設立。ボロジンを顧問として国民党の改組を準備 | 京漢鉄道スト。中共三全大会で国民党との合作を決議。曹錕の買収選挙。蒋介石ソ連にゆく |
| 二四 | 五八 | 広州で**国民党第一回全国代表大会を開き総理に就任**。**大会宣言で連ソ・容共・労農援助の三大政策を発表**。黄埔軍官学校・農民運動講習所を開設。三民主義の講**演をおこなう**。国民会議の開催を促進するため北京へ。 | 第二奉直戦争。商団事件。馮玉祥の北京クーデター。段祺瑞、臨時執政に就任。香港スト。レーニン死去。中ソ友好条約の締結 |

| | | | |
|---|---|---|---|
| 一九二五年 | 五九歳 | 途中、日本により「大アジア主義」の講演をおこなう。年末に天津に到着し発病<br>北京で軍閥の善後会議に反対声明。**三月一二日、肝臓がんで死去。**北京西山の碧雲寺に死体を安置（一九二九年に南京の中山陵に移す） | 北京で国民会議促進全国大会ひらかる。廖仲愷暗殺さる。**五・三〇運動。**日本、普通選挙法・治安維持法を施行 |
| 二六 | | | 中山艦事件。国民革命軍の北伐開始。国民政府、武漢に移る |
| 二七 | | | 蔣介石の四・一二クーデターで国共分裂。南京政府成立。日本の山東出兵。中共の南昌蜂起、八・七緊急会議、広州ソビエト |
| 二八 | | | 毛沢東、井岡山に拠る。済南事件 |

# 参考文献


孫文　高橋勇治著　日本評論社　昭19
三民主義と現代中国　岩村三千夫著　岩波書店(岩波新書)　昭24
三民主義(上・下)　安藤彦太郎訳　岩波書店(岩波文庫)　昭32
ロンドン被難記　孫文著　筑摩書房　世界ノンフィクション全集第一七巻　昭36
三十三年の夢　宮崎滔天著　筑摩書房　世界ノンフィクション全集第三三巻　昭37
孫文　野沢豊著　誠文堂新光社　昭37
孫文と中国革命　野沢豊著　岩波書店(岩波新書)　昭41
孫文の研究　藤井昇三著　勁草書房　昭41
孫文伝　鈴江言一著　岩波書店　昭41
孫逸仙　エス・チフビンスキー著　刀江書院　昭41
孫文と日本　貝塚茂樹著　講談社(現代新書)　昭42
辛亥革命の体験　呉玉章著　渡辺竜策訳　弘文堂(フロンティア・ブック)　昭39
中国革命史　池田誠など著　法律文化社(市民教室)　昭40
偉大なる道――朱徳の生涯とその時代――　アグネス・スメドレー著　阿部知二訳　岩波書店　昭40
孫文全集(上・中・下)　外務省調査部訳　原書房　昭42

# さくいん

—完—

孫　文■人と思想27　　定価はカバーに表示

1968年 4 月15日　第 1 刷発行Ⓒ
2014年 9 月10日　新装版第 1 刷発行Ⓒ

・著　者 ……………………横山《よこやま》　英《すぐる》／中山《なかやま》　義弘《よしひろ》
・発行者 ………………………………渡部　哲治
・印刷所 ……………………法規書籍印刷株式会社
・発行所 ………………………株式会社　清水書院

〒102-0072　東京都千代田区飯田橋3-11-6
Tel・03(5213)7151～7
振替口座・00130-3-5283
http://www.shimizushoin.co.jp

検印省略
落丁本・乱丁本は
おとりかえします。



CenturyBooks

Printed in Japan
ISBN978-4-389-42027-7

Century Books

## 清水書院の〝センチュリーブックス〟発刊のことば

近年の科学技術の発達は、まことに目覚ましいものがあります。月世界への旅行も、近い将来のこととして、夢ではなくなりました。しかし、一方、人間性は疎外され、文化も、商品化されようとしていることも、否定できません。

いま、人間性の回復をはかり、先人の遺した偉大な文化を継承して、高貴な精神の城を守り、明日への創造に資することは、今世紀に生きる私たちの、重大な責務であると信じます。

私たちがここに、「センチュリーブックス」を刊行いたしますのは、人間形成期にある学生・生徒の諸君、職場にある若い世代に精神の糧を提供し、この責任の一端を果たしたいためであります。

ここに読者諸氏の豊かな人間性を讃えつつご愛読を願います。

一九六六年

SHIMIZU SHOIN